Le Malade imaginaire

Molière

Le Malade imaginaire

*Comédie mêlée de musique
et de danses*

1673

Préface de Jean Le Poulain

Commentaires et notes
d'Alain Lanavère

Le Livre de Poche

Texte conforme à l'édition des Grands Écrivains de la France.

Alain Lanavère, maître-assistant à l'université de Paris-Sorbonne et à l'Institut catholique de Paris, ancien élève de l'École normale supérieure et agrégé des lettres, travaille sur les moralistes du XVIIe siècle. Il a publié une anthologie de textes critiques sur Pascal (Didier, 1969) et plusieurs articles. Il a collaboré au *Dictionnaire de Littérature française* (Bordas, 1981).

Une nouvelle approche du théâtre

Le théâtre est échange entre le comédien et le public. Le Livre de Poche Classique, *en publiant une série « Théâtre », cherche à développer cette même complicité entre l'auteur et son lecteur.*

Nous avons donc demandé à des metteurs en scène, à des comédiens, à des critiques de présenter la pièce et de nous faire partager leur joie de créateur. N'oublions pas que le théâtre est un jeu, « une scène libre au gré des fictions », disait Mallarmé. L'acteur, en revêtant son costume, « change de dimension, d'espèce, d'espace » (Léonor Fini).

Ici, la préface crée l'atmosphère à laquelle est convié le lecteur.

Mais il fallait éclairer la pièce. On ne peut aborder avec profit les chefs-d'œuvre du répertoire sans connaître les circonstances de leur création, l'intrigue, le jeu des personnages, l'accueil du public et de la critique, les ressorts dramatiques. Nous avons laissé le lecteur à la libre découverte du texte, mais aussi, pour le guider, nous avons fait appel à des universitaires, tous spécialistes du théâtre.

Nous avons voulu, en regroupant en fin de volume les Commentaires et les Notes, débarrasser le texte de ses « spots » scolaires. Toutes les interrogations qu'un élève, qu'un étudiant ou qu'un lecteur exempt de contrainte peuvent se poser, sont traitées dans six rubriques. Une abondante annotation vient compléter cette analyse.

Notre souhait a été de créer pour le théâtre de véritables Livres de Poche ayant leur place dans notre série Classique.

L'ÉDITEUR.

Préface

Les comédiens ont, pour Molière, une tendresse filiale ; au travers des siècles, il est encore notre chef de troupe. C'est pourquoi nous ne pouvons évoquer *Le Malade imaginaire* sans un sentiment de tristesse et d'amertume : tristesse de la mort de Molière, amertume de l'ironie du sort qui voulut frapper un malade réel dans le maquillage d'un malade imaginaire.

Mais d'abord, *Le Malade imaginaire* est-il une pièce autobiographique ?

Molière était malade, il le savait et on le savait. Avec une cruauté imbécile, Le Boulanger de Chalussay avait écrit *Élomire hypocondre ou les médecins vengés,* Élomire étant l'anagramme transparente de Molière.

Quelque cinquante ans plus tôt, William Harvey avait écrit, lui, *Exercitatio anatomica de motu cordis et sanguinis in animalibus,* ouvrage, on s'en doute, d'un autre tonneau, où il exposait ses découvertes du mécanisme de la petite et grande circulation sanguine. Avec un obscurantisme superbe, le doyen de la faculté de médecine de Paris, Gui Patin, était parti en guerre contre ces théories et la polémique avait profondément marqué cette époque médicalement incertaine, en pleine mutation.

J'imagine que Molière ne se croyait tout de même pas perdu et qu'il écrivit *Le Malade* par défi à ces deux crétins : Le Boulanger et Gui Patin. Pour prouver à Le Boulanger que ses pointes ne l'avaient pas désarmé et pour brocarder moins la médecine que les médecins en général et, en particulier — hélas ! — les médecins français.

Il n'en demeure pas moins que l'ombre de la mort plane sur l'œuvre et que, au moment où il trempa sa plume pour écrire : « N'y a-t-il point quelque danger à contrefaire le mort ? », Molière fut saisi, peut-être, d'une courte hésitation superstitieuse.

Ces trois actes réussis ne seraient-ils donc qu'un global acte manqué ?

Le Malade imaginaire est une des comédies les plus âpres et les plus ricanantes de Molière. Il l'écrivit dans une période de rapports distendus avec son protecteur Louis XIV. On a parlé de défaveur, même de disgrâce. Il n'en est rien, et je dirais plutôt : habitude usée, banalisation dans la faveur. De plus, le roi s'était entiché de Lulli. Ce qui était son droit, certes, et d'ailleurs, Lulli qui n'était pas auteur comique ne se posait pas en concurrent mais au contraire, en collaborateur. Néanmoins, Molière et lui se brouillèrent et l'auteur du *Malade* fit appel, pour la musique, à Charpentier, sachant que sa pièce ne serait pas créée à Versailles bien qu'elle fût écrite « pour le délassement du monarque ».

Ces tracas ne sont pas à négliger dans le climat de la conception de l'œuvre.

A la quatrième représentation, se sentant vraiment très mal, mais voulant jouer quand même pour ne pas frustrer les ouvriers de leur salaire, Molière fut saisi d'un malaise au quatrième « Juro » du dernier acte. Il joua jusqu'au bout agonisant et, transporté chez lui, rue Richelieu, fut soigné tant bien que mal par deux religieuses qu'il hébergeait (ce qui, soit dit par parenthèse, nous rend perplexes sur le mépris qu'on nous dit de tous les gens d'Église pour les comédiens excommuniés). Vers dix heures, en ce 17 février 1673, il était mort.

Mais le spectacle continue. Treize jours plus tard, La Thorillière reprend le rôle, puis Rosimond qui termine la saison.

Ainsi, le patron mort, enterré (et Dieu sait dans quelles circonstances !), la troupe aussitôt enferrée dans des complications et des scissions, La Thorillière et Rosimond firent rire. Et le public, qui aimait Molière, s'esclaffa en les entendant redire les mots mêmes qu'il avait prononcés dans son agonie moins d'un mois auparavant. Car la comédie est souveraine.

Donc nous devons nous-mêmes, quand nous jouons *Le Malade,* nous défier de ce voile sombre que les conditions pathétiques des derniers instants de l'auteur-acteur ont jeté sur une comédie-ballet imaginée avant tout pour faire rire.

Je dis bien : « avant tout », quitte à trouver cela triste « après tout ».

Dans tout son théâtre, c'est un petit sentiment de honte que Molière impose à son public et que, en un vers, a si bien suggéré Musset :

Que lorsqu'on vient d'en rire, on devrait en pleurer.

Rions-en donc d'abord.

Mais pleurons-en ensuite.

Car, bien évidemment, la situation et les caractères du *Malade imaginaire* ont de quoi faire frémir. Et nous frémissons d'autant plus que nous avons bien ri.

La pathologie du Malade imaginaire existe, elle est indiscutable. Car Argan, qui est doté d'un organisme à toute épreuve, est un malade psychique. En d'autres termes, lui qui se croit accablé des maux les plus divers, ne perçoit pas le seul dont il est atteint.

Accablé ? Ce n'est pas le mot juste. Comblé, au contraire. Car il y a une différence fondamentale entre le fameux héros de *Trois hommes dans un bateau,* malade imaginaire saisi par l'angoisse, et Argan que l'on voit épanoui et qui cultive l'entité maladie comme un hobby. Ses seules inquiétudes (car il en a, malgré tout, et elles confinent même à la panique) viennent des prolongements sociaux de la maladie. C'est par eux que, très artificiellement mais avec acuité, se révèle la terreur de la mort. Ces prolongements sociaux sont la sollicitude de l'entourage, la médecine et, corollaire, la pharmacie.

Ainsi, sa jubilation morbide consiste en une sorte d'idylle avec la médecine, idylle mêlée de satisfactions, de petites brouilles et de masochisme. Il en vient même, quand, fautif, il lui a été infidèle, à la considérer comme le véritable adversaire, et son cri n'est pas : « La maladie se venge » mais : « La médecine se venge ». Cette médicastrophilie amène naturellement le fétichisme du médicament.

Combien, en nos jours de pléthore pharmaceutique, nous sentons que Molière est éternel ! Entre-temps, il est vrai, est passé un certain docteur Knock qui, imposant sa propre passion aux masses, a suscité des myriades d'Argan ! Les gélules, ampoules et injections sous-cutanées sont nos saignées et nos purgatifs. De toute façon, il y a saignée de nos finances, lesquelles se trouvent purgées en conséquence, mais tout de même plus modérément que jadis car Knock, aux deuxième et troisième actes, réussit ce prodige (aujourd'hui appelé Sécurité sociale) : démocratiser la maladie.

Du temps de Molière, elle est un luxe, et Argan, « avec tout le bien qu'il a », est un bourgeois aisé. Je le verrais assez comme un Monsieur Jourdain atteint d'une nouvelle toquade de prince.

Quels sont, tout compte fait, les avantages de la maladie ? Nous les avons tous découverts à l'âge des premières grippes et des varicelles : le confort de se faire servir et la douceur de se faire plaindre. Dans ces deux délices, s'ils se prolongent, vient s'insinuer la volupté d'être un centre d'intérêt attendri, premier pas vers une mégalomanie intime dont l'aboutissement est de se sentir le nombril du monde. Il n'en faut pas davantage à un tyranneau domestique façon Molière pour se complaire dans la dolence, sans analyse d'ailleurs ni machiavélisme, seulement poussé par les pulsions profondes de l'égocentrisme, dont il finira par être lui-même l'esclave ridicule.

Il y a deux sortes de faux malades sereins : celui qui fait semblant d'être malade (Volpone) et celui que son entourage fait semblant de considérer comme malade (Argan) car lui croit sincèrement qu'il l'est et s'en régale.

Malheur donc à qui met en doute son mauvais état de santé. Il y voit une véritable offense, comme si on lui contestait un honneur chèrement acquis. Béralde, Toinette en savent quelque chose, et Toinette rattrape à temps la gaffe de Cléante.

C'est dans cet état d'esprit, et de l'intérieur, que le comédien doit aborder le personnage. Dans sa loge, avant d'entrer en scène, sa concentration se focalisera d'abord sur cette joie : « Chouette ! Je suis malade ! » Il faut qu'il le répète, et il faut qu'il s'en persuade au point de paraître au public dans l'ingénuité d'un enfant qui a gagné un bon point. En un mot, Argan est resplendissant de maladie.

Nous retrouvons ici le mécanisme classique du rire par paradoxe : le guerrier poltron, le juge injuste, chez Corneille et Racine ; et, chez Molière : le dévot libertin, le misogyne amoureux, le savant ignorant, la servante qui décide, le malade sain.

L'interprétation, la mise en scène, voire le décor, les éclairages et les accessoires doivent être dans le droit fil de ce contraste dominant. Il ne faut pas que cela sente la maladie mais la médecine, et la médecine triomphante avec ses connotations foisonnantes, ses gadgets scintillants, son personnel doctoral et son héros aux dimensions d'un mythe aberrant.

Comme tous les artifices, la maladie imaginaire impose certaines menues contraintes. La principale, qui est l'aspect extérieur, rapproche assez Argan d'Orgon, car la dévotion, comme la maladie, incline aux tons doux. Pourtant, de brutales remontées de sa nature profonde et vigoureuse portent parfois Argan à des éclats tonitruants. Et Toinette pourrait lui faire observer, si la réplique n'était déjà prise : « Quoi ! Vous êtes malade et vous vous emportez* ? »

Mais c'est Argan lui-même qui rentre dans le rang de son personnage et l'effet comique sera d'exprimer ce brusque rappel dans le ton : « Ciel ! J'oubliais que je suis malade ! » Par exemple, après l'éclat de l'acte I, scène 5 (où Molière n'a pas résisté à une petite parodie de *L'Avare*) : s'avisant tout à coup qu'il s'est laissé aller à courir (quelle imprudence !), Argan « redevient » malade : « Ah ! ah ! je n'en puis plus. Voilà pour me faire mourir. »

Le Malade imaginaire est une des pièces préférées des metteurs en scène. Elle est, du répertoire de Molière, la plus jouée avec *Le Tartuffe* et *Le Misanthrope*. C'est qu'elle ouvre la voie aux recherches et aux trouvailles scéniques par la richesse de sa nervure et de ses contre-points.

Le Tartuffe expose la foi et la sincérité par le contre-point de l'hypocrisie, en opposition aux aspirations naturelles — et surnaturelles — de l'homme, exprimées par Orgon. *Le Misanthrope* nous offre la société et ses vices (dont, encore, l'hypocrisie) par le contrepoint de la sincérité brutale et ombrageuse. Dans *Le Malade imaginaire,* c'est le mystère et la peur latente de la mort qui sont confrontés avec la vie.

Argan est porteur de cette confrontation, il en est le symbole. En quelque sorte, il vit pour la maladie et ne vit que pour elle, se complaisant dans un état permanent

---

* Elle le lui dit, d'ailleurs, à une variante près : « Doucement, Monsieur, vous ne songez pas que vous êtes malade ! »

de suspense qu'alimentent les professions spécialisées.
Toutes ses forces vives absorbées, condensées dans cette
illusion, que reste-t-il de son entendement et de son
affectivité ? Rien, absolument rien.

Béralde, le raisonneur de service, n'a pas raison de
tenter de faire entendre raison à un mur.

Au demeurant, Béralde est un étrange raisonneur et
c'est à travers lui, porte-parole de l'auteur, que l'on sent
le mieux la profonde détresse et les ressentiments de
celui-ci. En effet, Béralde ne condamne pas spécialement
tel ou tel Diafoirus, il condamne la médecine, ce qui est
plus grave. Sous son ton mesuré, il est très exactement
l'anti-Argan, autant dire qu'il est, en sens inverse, aussi
fou que lui.

Je rêve d'un auteur qui écrirait une pièce sur Béralde.
En voici le sujet : Béralde tombe malade, réellement
malade, et se laisse mourir, refusant absolument les
secours d'une science qu'il tient pour illusoire, redoutant
de « mourir de ses remèdes et non pas de ses maladies »,
béatement confiant en la nature qui « d'elle-même,
quand nous la laissons faire, se tire doucement du
désordre où elle est tombée ». L'excès absolu de ces
attaques contre la médecine est tel qu'à la fin de la
scène, ce sont les répliques d'Argan qui paraissent
raisonnables ; car tout de même la simple tisane ou le
purgatif appliqué à bon escient ou, si l'on veut, de nos
jours, le cachet d'aspirine suffisent à prouver que,
parfois, « on peut aider cette nature par de certaines
choses ».

Ici, comme en tout, *in medio stat virtus*.

Cette scène n'est donc pas l'affrontement d'une folie
et d'une sagesse mais celui de deux folies. Celle de
Béralde étant celle de Molière, nous semble simplement
parée des signes extérieurs de la raison : habileté dialec-
tique, pondération et fausse tolérance. Sentant d'ailleurs
qu'il est allé un peu loin, Molière conclut la scène par
une protestation de Béralde de pure forme : « Moi, mon

frère, je ne prends point à tâche de combattre la médecine. » Encore dit-il cela comme on dirait qu'on ne
prend point à tâche de combattre le rock ou le tiercé car
tous les goûts sont dans la nature. Il n'est que d'écouter
la suite : « ... et chacun, à ses périls et fortune, peut
croire tout ce qu'il lui plaît ».

De combien de cruelles désillusions Molière a-t-il été
atteint, de combien de drames a-t-il été le témoin
impuissant et rageur pour en venir là ! !

Malade lui-même, il a vu mourir en 1664 son fils
Louis âgé de quelques mois, il a vu mourir en 1671 son
ancienne maîtresse et toujours aimée Madeleine, et son
autre fils Pierre-Jean-Baptiste à l'âge de vingt-cinq
jours.

Fatalité ? Incompétence des médecins ? La douleur
rend injuste. Elle aussi est une passion, elle surtout
et par définition, puisque le mot « passion » vient de
patior (« je souffre »). Dans cette scène très dure
Argan-Béralde, aveuglément, Molière blessé règle ses
comptes.

Est-ce à dire que, autour de cet auteur-acteur en vogue
et qui, en 1665 déjà, a dû s'arrêter de jouer à cause de
crachements de sang, ne gravite aucun médecin ?

Sur ce plan-là, Molière s'écarte un peu de Béralde car
il avait bel et bien un médecin : Mauvilain.

Être le médecin de Molière, quel destin ! Et quel sujet,
encore, de théâtre ! Ce Mauvilain était-il aussi ignorant
et dangereux que les Diafoirus ? Il semble, en tout cas,
qu'il ne manquait pas d'humour puisque c'est lui, dit-
on, qui documenta son client pour la parodie burlesque
d'initiation finale.

Autre pièce à verser au dossier de la défense de la
médecine : Madame de Montespan.

Il est piquant de noter que Molière fut encouragé par
Madame de Montespan pour écrire *Le Malade imaginaire*. La marquise, en effet, comme son royal amant,
avait pris parti contre la sottise de Gui Patin condam-

nant les découvertes salutaires de Harvey. C'était faire preuve de discernement, grâce lui soit rendue. Mais comment mourut-elle ? En ordonnant, en cachette, à son barbier de lui pratiquer une saignée, contre l'avis formel de son médecin. Eh oui, les médecins du XVIIe siècle n'étaient pas tous, *a priori,* pour la saignée, ils n'étaient pas tous aussi idiots qu'on le pense.

Et, après tout, Louis XIV, en mourant à soixante-dix-sept ans, fut le premier roi de France à atteindre cet âge. Quant à Molière, crachant le sang depuis 1665, il tint six ans encore. Le duc de Reichstadt, contemporain pourtant de Laennec, fit-il mieux ? Passons.

Et revenons à Argan.

Orné avec évanescence de maladie, Argan nous donne-t-il l'identité de cette maladie ? Les renseignements sont imprécis et il nous faut attendre le troisième acte pour en avoir quelque idée. C'est un détail. L'occupation favorite du malade imaginaire nous apparaît, au lever du rideau, dans le bilan et la comptabilité méticuleuse de ses « médecines ». Il chipote d'ailleurs sur les prix, et on le verrait assez, de nos jours, encombré d'ordonnances, de formulaires de la Sécu et de calculatrice électronique. Son avarice latente étant en somme le seul frein aux débordements d'une obsession qui, si elle était fondée, n'aurait précisément, comme chacun sait, pas de prix. Comptabilisant son traitement, il comptabilise sa santé, celui-là étant devenu le barème de celle-ci. L'important c'est le nombre des remèdes, non leur efficacité ; la quantité, non la qualité : ce mois-ci il n'a pris que huit médecines et douze lavements, tandis que « l'autre mois, il y avait douze médecines et vingt lavements. Je ne m'étonne pas si je ne me porte pas si bien ce mois-ci que l'autre. Je le dirai à monsieur Purgon, afin qu'il mette ordre à cela ». Caprice de prince qui passe commande à son médecin comme à un épicier. Imagine-t-on, aujourd'hui, connaissant de surcroît la susceptibilité légendaire des fils d'Esculape, un patient dire à son médecin : « Ce mois-ci, vous me mettrez un peu plus d'antibiotiques et vous appuierez davantage sur le calcium » ?

Mais Argan s'aperçoit-il seulement qu'il suggère son traitement, s'il ne le dicte ? Le scrupule avec lequel il suit les prescriptions a de quoi confondre. Il a, depuis longtemps, passé le mur de la raison pour patauger, perplexe, dans l'absurdité rituelle. « Monsieur Purgon m'a dit de me promener le matin dans ma chambre douze allées et douze venues ; mais j'ai oublié à lui demander si c'est en long ou en large. »

Ce sont là ses passeports de survie. Ce sont là aussi ses délicatesses de gourmet car il déguste potions et bouillons avec le même entrain que le bon gros bœuf que Toinette, déguisée en médecin, finaude et le connaissant bien, lui propose au troisième acte. Sous la caution de la Faculté, elle le dédouane de cette autre servitude de l'entité maladie : le régime. Il semble d'ailleurs qu'il ne l'ait pas attendue pour cela. Bref, il adhère au conformisme de l'infaillibilité médicale comme à une religion. Qu'importe la valeur du prêtre du moment qu'il est sacré. Or, en religion arganesque, le médecin est devenu médecin non grâce aux études qu'il a faites mais à la cérémonie qui, en les concluant, le sacre, lui.

Il y a même inversion : c'est le sacre qui, miraculeux, donne le savoir. Et nous ne sommes pas loin du sacre des rois qui conférait à ceux-ci le pouvoir soudain de guérir des écrouelles.

Sont donc exclus les rebouteux, les empiriques, les guérisseurs, et plus encore les simples raisonneurs comme Béralde. Il faut le diplôme, c'est-à-dire le sacre. Et, finalement, Argan ne manifeste que peu de résistance quand on lui suggère pour lui-même le raccourci de ce sacre sans les études. Il suffit à Béralde de lui en indiquer le miracle : « En recevant la robe et le bonnet de médecin, vous apprendrez tout cela. » On notera le par-

Louis Seigner et Béatrice Bretty
(Comédie-Française, 1950).

ticipe présent : « en recevant », et non : « après avoir reçu » ; ce qui, à la rigueur, eût été vraisemblable.

Argan est donc complètement aveugle, intoxiqué de superstition.

Voilà pour son entendement.

Quant à son affectivité...

Comme Harpagon, Jourdain et Orgon, il aliène sa famille à sa passion. L'identité des siens lui est indifférente, leur liberté ne lui vient même pas à l'esprit. Il ne les aime ni ne les déteste ; il les utilise. Sa famille n'est qu'un matériel humain gratuit (et bientôt sa belle-famille puisqu'il entend que Cléante soit médecin) qu'il estime normal d'avoir sous la main. Car son appréhension constante d'être en manque de soins a engendré l'angoisse de la solitude : « Est-il possible qu'on laisse comme cela un pauvre malade tout seul ? Ah ! mon Dieu. Ils me laisseront ici mourir ! »

Argan est-il un bon père ? Poser la question relève de l'ironie agressive. Sa fille aînée doit faire un mariage qui le serve, faute de quoi ce sera le couvent. C'est lui ou Dieu. Parallèle démesuré et signe de sa mégalomanie rentrée. Au reste, la piété filiale et mollassonne d'Angélique (prénom qui n'est pas choisi au hasard) n'est pas pour arranger les choses.

Malgré les élans d'amour que cette sainte oie lui prodigue après le test de la fausse mort, Argan n'en démord pas : Cléante, soit, mais qu'il se fasse prêtre dans la religion arganesque ! Et si, au bout du compte, la brave petite échappe à un débile pédant pour épouser celui qu'elle aime, c'est parce qu'il faut bien un « happy end ».

Le seul cri paternel d'Argan, nous le trouvons au moment où cette peste de Louison (qui a de qui tenir) contrefait la morte. Encore est-ce davantage un cri d'auto-accusation affolée (« Qu'ai-je fait, misérable ? ») que d'amour douloureux.

Par ailleurs, dépourvu, il va sans dire, de tout souci

pédagogique, il en use avec cette enfant de façon strictement écœurante en lui intimant d'être son espionne sous la menace du fouet.

Argan est-il amoureux ? Ses roucoulades avec Béline nous laisseraient-elles entrevoir quelque rafraîchissante faiblesse de ce côté-là ?

Non point. A y regarder de près, il n'apprécie sa femme que dans la mesure où la perfide flatte sa manie. Elle lui est ce que Tartuffe est à Orgon, Valère à Harpagon. Il donne dans le panneau et s'il teste en faveur de Béline, c'est pour s'attendrir sur son éventuel état de veuve, c'est-à-dire, encore, sur lui-même.

Mais que celle-ci, bêtement, se démasque, il n'a que colère et prend simplement bonne note de « l'avis au lecteur » avant de se remettre paisiblement en position de faux mort pour éprouver sa fille à son tour. Combien un authentique amoureux eût été d'abord, et durablement, accablé de chagrin ! Alceste, par exemple...

Voilà sans doute de bien graves accusations contre ce personnage ultime de Molière. Mais comment lui trouver grâce, dépourvu qu'il est de qualités humaines ? Et si, malgré tout, nous ne pouvons nous défendre d'une certaine sympathie, voire d'une certaine pitié, c'est qu'il est chargé de défauts humains. De nos défauts. Et c'est ici que, après le rire, l'humilité nous saisit. Molière nous a laissé là un testament désenchanté et féroce, un constat d'impuissance pour l'homme à s'élever et à se transcender.

Jouet de ses propres hallucinations ou de ceux qui les provoquent, Argan apparaît comme un objet prétexte de la destinée humaine et c'est encore en cela que nous lui ressemblons, car notre aboutissement commun (la mort et son mystère) est notre unique label de véritable égalité. Ce qui nous livre à d'austères méditations.

Mais alors, pourquoi, d'abord, avons-nous ri ? En dehors des ficelles de l'auteur et des effets de l'acteur, quel est le comique profond et organique d'Argan ?

Le rire est affaire de supériorité et d'infériorité ou, comme le précise Marcel Pagnol, de moqueur et de moqué. Argan est donc moqué parce qu'il est inférieur. Et il est inférieur précisément parce qu'il se croit supérieur. Procédé boomerang classique fondé sur l'ignorance, par un personnage, de ses propres imperfections et sur sa sincérité.

Car Argan est sincère simultanément en maladie et en invulnérabilité. D'où surenchère et sentiment suave de supériorité. Il nous proclame, en substance : « Être invulnérable, c'est bien ; l'être en maladie, c'est mieux. »

Mais sur quoi donc s'appuie cette invulnérabilité qui, lorsque, par accident, elle défaille, rend notre personnage affolé et d'autant plus grotesque ? Sur la médecine.

Et voici nos Purgon, Fleurant et Diafoirus qui font leur entrée en fanfare.

C'est par ces sinistres pantins que nous terminerons. A tout saigneur tout déshonneur.

A la cinquième pièce que Molière écrit sur les médecins, nous commençons à les connaître. Dénominateurs communs : morgue, autosatisfaction éperdue, pédantisme, ignorance, vénalité et sottise, laquelle nous donne parfois l'impression qu'ils sont cyniques alors qu'il n'en est rien. Le latin de cuisine va bon train et, préoccupés uniquement de leur folklore, les attributs l'emportent sur la substance.

Certes, ils ont étudié. Mais quoi ? Ils se sont gavés de théorie usée, racornie, déformée et réduite à l'état de rite, sans se soucier de la moindre pratique, la finalité exclusive de ces carabins forts en thème niais étant, aussi, le sacre. Des caricatures de prêtres, oui. Et je pense à Voltaire : « Notre crédulité fait toute leur science »...

Encore qu'il faille ajouter dans la balance leur propre crédulité. Celle-ci est d'ailleurs si grande que le cynisme que Voltaire prête avec méchanceté aux prêtres est, chez les médecins moliéresques, absent (ou alors il s'agit d'usurpateurs, tels que Sganarelle ou Toinette). Ils vont jusqu'à tuer femmes et enfants de bonne foi en leur administrant leur dévastatrice thérapie. Ce qui, soit dit en passant, nous confirme la santé de fer d'Argan.

C'est, en somme, le procès du conservatisme d'une Faculté qui, bien au chaud dans ses traditions, se refuse à tout progrès, à toute mise en question, voire à toute curiosité.

Force est d'admettre que loin déjà d'Ambroise Paré et loin encore de Laennec, la médecine française marque le pas et, en conséquence, recule.

Sentant confusément cette faiblesse générale, les médecins se groupent, frileusement, l'union faisant la force, union recouverte ici, par surcroît de prudence, de complicité codée et d'investiture tatillonne. Du coup, l'imagination, l'indépendance créatrice, l'expérience et l'enseignement lui-même perdent leurs ailes.

Cette coalition instinctive et fondamentale produit une connivence tacite qu'on peut parer du nom de solidarité confraternelle.

Et cette faiblesse donne aux plus médiocres les pulsions hérissées d'une susceptibilité furibonde.

Solidarité : certes, Diafoirus a toutes raisons de se montrer aimable avec Argan et de veiller à ne pas le heurter dans le choix qu'il a fait de Purgon. Mais tout de même, les énormes âneries par lesquelles il souscrit au traitement de son confrère dépassent largement les obligations de courtoisie. S'enferrant dans ses erreurs, il se rétablit par les correctifs les plus absurdes mais il nous présente l'indéfectible entente du corps médical autour de ce profane, autant dire de cet accessoire : le patient.

Susceptibilité : exquis dans les mondanités, docile même aux desiderata du patient comme nous porte à le croire la réflexion d'Argan déjà citée, le médecin moliéresque devient fou furieux dès qu'on met en doute sa compétence ou qu'on n'obtempère pas à ses ordonnances. Alors, il ne regarde rien ; et, au risque de perdre un client précieux, monsieur Purgon vient faire une scène épouvantable à Argan parce que le frère de celui-ci lui a conseillé de remettre à plus tard le lavement apporté par l'apothicaire Fleurant, lui-même vexé. Les noms des maladies les plus funestes pleuvent sur Argan penaud avec, naturellement, pour apothéose, la menace de mort. Et Argan ne songe même pas à renvoyer ce déchaîné qui le traite comme un valet et que, après tout, il paie. Le ferait-il qu'il pourrait redouter qu'un nouveau médecin le traite pareillement, approuvant son prédécesseur. La médecine est un mur dont les pierres peuvent grincer entre elles mais sans jamais souffrir d'être atteintes par le non-initié.

Répétons cependant en conclusion que, dans cette période de creux médical, il s'est tout de même trouvé des médecins suffisamment lucides pour discerner les connaissances acquises jusqu'à eux, et en recueillir les fruits avec intelligence et efficacité. Le formidable amas de clystères et de lancettes des incapables nous a fait perdre de vue ces modestes praticiens plus nombreux qu'on ne pense.

Insistons sur ce point : le portrait-robot du médecin selon Molière correspond à une réalité, mais cette réalité n'est pas exclusive.

Il se trouve néanmoins que c'est ce portrait-là que nous avons retenu. Parce qu'il est superbement théâtral ; et surtout parce que Molière avait du génie.

JEAN LE POULAIN.

Le Malade imaginaire

Comédie

Personnages

ARGAN, *malade imaginaire*

BÉLINE, *seconde femme d'Argan*

ANGÉLIQUE, *fille d'Argan et amante de Cléante*

LOUISON, *petite fille d'Argan et sœur d'Angélique*

BÉRALDE, *frère d'Argan*

CLÉANTE, *amant d'Angélique*

MONSIEUR DIAFOIRUS, *médecin*

THOMAS DIAFOIRUS, *son fils et amant d'Angélique*

MONSIEUR PURGON, *médecin d'Argan*

MONSIEUR FLEURANT, *apothicaire*

MONSIEUR BONNEFOI, *notaire*

TOINETTE, *servante*

La scène est à Paris.

Le Prologue

Après les glorieuses fatigues et les exploits victorieux de notre auguste monarque, il est bien juste que tous ceux qui se mêlent d'écrire travaillent ou à ses louanges ou à son divertissement. C'est ce qu'ici l'on a voulu faire, et ce prologue est un essai des louanges de ce grand prince, qui donne entrée à la comédie du *Malade imaginaire*, dont le projet a été fait pour le délasser de ses nobles travaux[1].

(La décoration représente un lieu champêtre, et néanmoins fort agréable.)

Églogue
en musique et en danse[2]

FLORE, PAN, CLIMÈNE, DAPHNÉ, TIRCIS, DORILAS, DEUX ZÉPHYRS, TROUPE DE BERGÈRES ET DE BERGERS

FLORE
> *Quittez, quittez vos troupeaux,*
> *Venez, bergers, venez, bergères,*
> *Accourez, accourez sous ces tendres ormeaux ;*
> *Je viens vous annoncer des nouvelles bien chères*
> *Et réjouir tous ces hameaux.*
> *Quittez, quittez vos troupeaux,*
> *Venez, bergers, venez, bergères,*
> *Accourez, accourez sous ces tendres ormeaux.*

CLIMÈNE ET DAPHNÉ
> *Berger, laissons là tes feux,*
> *Voilà Flore qui nous appelle.*

TIRCIS ET DORILAS
> *Mais au moins dis-moi, cruelle,*

TIRCIS
> *Si d'un peu d'amitié tu payeras mes vœux.*

DORILAS
> *Si tu seras sensible à mon ardeur fidèle.*

CLIMÈNE ET DAPHNÉ
> *Voilà Flore qui nous appelle.*

TIRCIS ET DORILAS
> *Ce n'est qu'un mot, un mot, un seul mot que je veux.*

TIRCIS
> *Languirai-je toujours dans ma peine mortelle ?*

DORILAS
> *Puis-je espérer qu'un jour tu me rendras heureux ?*

CLIMÈNE ET DAPHNÉ
> *Voilà Flore qui nous appelle.*

ENTRÉE DE BALLET

Toute la troupe des bergers et des bergères va se placer en cadence autour de Flore.

CLIMÈNE
> *Quelle nouvelle parmi nous,*
> 20 *Déesse, doit jeter tant de réjouissance ?*

DAPHNÉ
> *Nous brûlons d'apprendre de vous*
> *Cette nouvelle d'importance.*

DORILAS
> *D'ardeur nous en soupirons tous.*

TOUS ENSEMBLE
> *Nous en mourons d'impatience.*

FLORE
>   *La voici ; silence, silence !*
> *Vos vœux sont exaucés, LOUIS est de retour ;*
> *Il ramène en ces lieux les plaisirs et l'amour,*
> *Et vous voyez finir vos mortelles alarmes ;*
> *Par ses vastes exploits son bras voit tout soumis,*

30
>   *Il quitte les armes*
>   *Faute d'ennemis.*

TOUS ENSEMBLE
>   *Ah ! quelle douce nouvelle !*
>   *Qu'elle est grande ! qu'elle est belle !*
> *Que de plaisirs, que de ris, que de jeux !*
>   *Que de succès heureux !*
> *Et que le Ciel a bien rempli nos vœux !*
>   *Ah ! quelle douce nouvelle !*
>   *Qu'elle est grande ! qu'elle est belle !*

AUTRE ENTRÉE DE BALLET

Tous les bergers et bergères expriment par des danses les transports de leur joie.

FLORE
>   *De vos flûtes bocagères*

40
>   *Réveillez les plus beaux sons :*
>   *LOUIS offre à vos chansons*
>   *La plus belle des matières.*
>   *Après cent combats*
>   *Où cueille son bras*
>   *Une ample victoire,*
>   *Formez entre vous*
>   *Cent combats plus doux*
>   *Pour chanter sa gloire.*

TOUS
>   *Formons entre nous*

50   *Cent combats plus doux*
        Pour chanter sa gloire.

FLORE

        Mon jeune amant, dans ce bois,
        Des présents de mon empire
        Prépare un prix à la voix
        Qui saura le mieux vous dire
        Les vertus et les exploits
        Du plus auguste des rois.

CLIMÈNE

        Si Tircis a l'avantage,

DAPHNÉ

        Si Dorilas est vainqueur,

CLIMÈNE

60   *A le chérir je m'engage.*

DAPHNÉ

        Je me donne à son ardeur.

TIRCIS

        Ô trop chère espérance !

DORILAS

        Ô mot plein de douceur !

TOUS DEUX

        Plus beau sujet, plus belle récompense,
        Peuvent-ils animer un cœur ?

    Les violons jouent un air pour animer les deux bergers au
combat, tandis que Flore, comme juge, va se placer au pied
d'un bel arbre qui est au milieu du théâtre, avec deux Zéphyrs,
et que le reste, comme spectateurs, va occuper les deux côtés de
la scène.

TIRCIS

        Quand la neige fondue enfle un torrent fameux,
        Contre l'effort soudain de ses flots écumeux
            Il n'est rien d'assez solide ;

Digues, châteaux, villes et bois,
70   Hommes et troupeaux à la fois,
Tout cède au courant qui le guide.
Tel, et plus fier, et plus rapide,
Marche LOUIS dans ses exploits.

BALLET

Les bergers et bergères du côté de Tircis dansent autour de lui, sur une ritournelle, pour exprimer leurs applaudissements.

DORILAS

Le foudre menaçant qui perce avec fureur
L'affreuse obscurité de la nue enflammée
Fait d'épouvante et d'horreur
Trembler le plus ferme cœur ;
Mais à la tête d'une armée
LOUIS jette plus de terreur.

BALLET

Les bergers et bergères du côté de Dorilas font de même que les autres.

TIRCIS

80 *Des fabuleux exploits que la Grèce a chantés,*
Par un brillant amas de belles vérités,
Nous voyons la gloire effacée ;
Et tous ces fameux demi-dieux
Que vante l'histoire passée
Ne sont point à notre pensée
Ce que LOUIS est à nos yeux.

BALLET

Les bergers et bergères du côté de Tircis font encore la même chose.

DORILAS
> *LOUIS fait à nos temps, par ses faits inouïs,*
> *Croire tous les beaux faits que nous chante l'histoire*
> > *Des siècles évanouis ;*
> 90 *Mais nos neveux, dans leur gloire,*
> *N'auront rien qui fasse croire*
> *Tous les beaux faits de LOUIS.*

BALLET

Les bergères du côté de Dorilas font encore de même, après quoi les deux partis se mêlent.

PAN, *suivi de six faunes*
> *Laissez, laissez, bergers, ce dessein téméraire ;*
> > *Hé ! que voulez-vous faire ?*
> > *Chanter sur vos chalumeaux*
> > *Ce qu'Apollon sur sa lyre,*
> > *Avec ses chants les plus beaux,*
> > *N'entreprendrait pas de dire ?*
> *C'est donner trop d'essor au feu qui vous inspire,*
> 100 *C'est monter vers les cieux sur des ailes de cire,*
> > *Pour tomber dans le fond des eaux.*
> *Pour chanter de LOUIS l'intrépide courage,*
> > *Il n'est point d'assez docte voix,*
> *Point de mots assez grands pour en tracer l'image ;*
> > *Le silence est le langage*
> > *Qui doit louer ses exploits.*
> *Consacrez d'autres soins à sa pleine victoire,*

Vos louanges n'ont rien qui flatte ses désirs,
  Laissez, laissez là sa gloire,
110 *Ne songez qu'à ses plaisirs.*

TOUS

  Laissons, laissons là sa gloire,
  Ne songeons qu'à ses plaisirs.

FLORE

Bien que, pour étaler ses vertus immortelles,
  La force manque à vos esprits,
Ne laissez pas tous deux de recevoir le prix.
  Dans les choses grandes et belles,
  Il suffit d'avoir entrepris.

ENTRÉE DE BALLET

Les deux Zéphyrs dansent avec deux couronnes de fleurs à la main, qu'ils viennent donner ensuite aux deux bergers.

CLIMÈNE ET DAPHNÉ, *en leur donnant la main*
  Dans les choses grandes et belles,
  Il suffit d'avoir entrepris.

TIRCIS ET DORILAS
120 *Ah! que d'un doux succès notre audace est suivie!*

FLORE ET PAN
Ce qu'on fait pour LOUIS, on ne le perd jamais.

LES QUATRE AMANTS
Au soin de ses plaisirs donnons-nous désormais.

FLORE ET PAN
Heureux, heureux qui peut lui consacrer sa vie!

TOUS

  Joignons tous dans ces bois
  Nos flûtes et nos voix,
  Ce jour nous y convie,

Et faisons aux échos redire mille fois :
LOUIS est le plus grand des rois.
Heureux, heureux qui peut lui consacrer sa vie !

DERNIÈRE ET GRANDE ENTRÉE DE BALLET

Faunes, bergers et bergères, tous se mêlent, et il se fait entre eux des jeux de danses, après quoi ils se vont préparer pour la comédie.

Acte I

Scène 1

ARGAN

ARGAN, *seul dans sa chambre, assis, une table devant lui,
compte des parties d'apothicaire* avec des jetons*[1]. *Il fait,
parlant à lui-même, les dialogues suivants.* Trois et deux
font cinq, et cinq font dix, et dix font vingt. Trois et
deux font cinq. «Plus, du vingt-quatrième[2], un petit
clystère insinuatif, préparatif et rémollient, pour amollir,
humecter et rafraîchir les entrailles de Monsieur.» Ce
qui me plaît de monsieur Fleurant, mon apothicaire,
c'est que ses parties sont toujours fort civiles : «les
10 entrailles de Monsieur, trente sols.» Oui; mais, monsieur Fleurant, ce n'est pas tout que d'être civil, il faut
être aussi raisonnable et ne pas écorcher les malades.
Trente sols un lavement ! Je suis votre serviteur, je vous
l'ai déjà dit. Vous ne me les avez mis dans les autres
parties qu'à vingt sols, et vingt sols en langage d'apothicaire, c'est-à-dire dix sols ; les voilà, dix sols. «Plus,
dudit jour, un bon clystère détersif, composé avec catholicon double, rhubarbe, miel rosat et autres, suivant l'ordonnance, pour balayer, laver et nettoyer le bas-ventre
20 de Monsieur, trente sols.» Avec votre permission, dix
sols. «Plus, dudit jour, le soir, un julep hépatique, sopo-
ratif et somnifère, composé pour faire dormir Monsieur,

---

* Se reporter au «Lexique», pp. 180-184, pour les mots
dont le sens présente une difficulté.

trente-cinq sols. » Je ne me plains pas de celui-là, car il
me fit bien dormir. Dix, quinze, seize et dix-sept sols,
six deniers. « Plus, du vingt-cinquième, une bonne
médecine purgative et corroborative, composée de casse
récente avec séné levantin et autres, suivant l'ordonnance de monsieur Purgon, pour expulser et évacuer la
bile de Monsieur, quatre livres. » Ah ! monsieur Fleu-
30 rant, c'est se moquer, il faut vivre avec les malades.
Monsieur Purgon ne vous a pas ordonné de mettre quatre francs. Mettez, mettez trois livres, s'il vous plaît.
Vingt et trente sols. « Plus, dudit jour, une potion anodine et astringente pour faire reposer Monsieur, trente
sols. » Bon... dix et quinze sols. « Plus, du vingt-sixième,
un clystère carminatif pour chasser les vents de Monsieur, trente sols. » Dix sols, monsieur Fleurant. « Plus
le clystère de Monsieur réitéré le soir, comme dessus,
trente sols. » Monsieur Fleurant, dix sols. « Plus, du
40 vingt-septième, une bonne médecine composée pour hâ-
ter d'aller, et chasser dehors les mauvaises humeurs de
Monsieur, trois livres. » Bon, vingt et trente sols ; je suis
bien aise que vous soyez raisonnable. « Plus, du vingt-
huitième, une prise de petit-lait clarifié et dulcoré, pour
adoucir, lénifier, tempérer et rafraîchir le sang de Monsieur, vingt sols. » Bon, dix sols. « Plus une potion cor-
diale et préservative, composée avec douze grains de
bézoard, sirop de limon et grenade, et autres suivant
l'ordonnance, cinq livres. » Ah ! monsieur Fleurant, tout
50 doux, s'il vous plaît ; si vous en usez comme cela, on ne
voudra plus être malade : contentez-vous de quatre
francs ; vingt et quarante sols. Trois et deux font cinq, et
cinq font dix, et dix font vingt. Soixante et trois livres,
quatre sols, six deniers. Si bien donc que, de ce mois,
j'ai pris une, deux, trois, quatre, cinq, six, sept et huit
médecines, et un, deux, trois, quatre, cinq, six, sept,
huit, neuf, dix, onze et douze lavements ; et l'autre mois,
il y avait douze médecines et vingt lavements. Je ne
m'étonne pas si je ne me porte pas si bien ce mois-ci

60 que l'autre. Je le dirai à monsieur Purgon, afin qu'il
mette ordre à cela. Allons, qu'on m'ôte tout ceci. Il n'y a
personne ? J'ai beau dire, on me laisse toujours seul ; il
n'y a pas moyen de les arrêter ici. *(Il agite une sonnette
pour faire venir ses gens.)* Ils n'entendent point, et ma
sonnette ne fait pas assez de bruit. Drelin, drelin, drelin,
point d'affaire. Drelin, drelin, drelin, ils sont sourds...
Toinette ! drelin, drelin, drelin. Tout comme si je ne
sonnais point. Chienne ! coquine ! Drelin, drelin, drelin,
j'enrage. *(Il ne sonne plus, mais il crie.)* Drelin, drelin,
70 drelin. Carogne, à tous les diables ! Est-il possible qu'on
laisse comme cela un pauvre malade tout seul ! Drelin,
drelin, drelin : voilà qui est pitoyable ! Drelin, drelin,
drelin. Ah ! mon Dieu, ils me laisseront ici mourir. Drelin, drelin, drelin.

Scène 2

TOINETTE, ARGAN

TOINETTE, *en entrant dans la chambre.* On y va.

ARGAN. Ah ! chienne ! ah ! carogne !

TOINETTE, *faisant semblant de s'être cogné la tête.* Diantre
soit fait de votre impatience ! Vous pressez si fort les
personnes que je me suis donné un grand coup de la tête
80 contre la carne d'un volet.

ARGAN, *en colère.* Ah ! traîtresse...

TOINETTE, *pour l'interrompre et l'empêcher de crier, se
plaint toujours, en disant.* Ah !

ARGAN. Il y a...

TOINETTE. Ah !

ARGAN. Il y a une heure...

TOINETTE. Ah !

ARGAN. Tu m'as laissé...

TOINETTE. Ah !

ARGAN. Tais-toi donc, coquine, que je te querelle.

TOINETTE. Çamon, ma foi, j'en suis d'avis, après ce que je
92 me suis fait.

ARGAN. Tu m'as fait égosiller, carogne !

TOINETTE. Et vous m'avez fait, vous, casser la tête ; l'un
vaut bien l'autre. Quitte à quitte, si vous voulez.

ARGAN. Quoi ! coquine...

TOINETTE. Si vous querellez, je pleurerai.

ARGAN. Me laisser, traîtresse...

TOINETTE, *toujours pour l'interrompre.* Ah !

ARGAN. Chienne ! tu veux...

TOINETTE. Ah !

ARGAN. Quoi ! il faudra encore que je n'aie pas le plaisir de
103 la quereller ?

TOINETTE. Querellez tout votre soûl : je le veux bien.

ARGAN. Tu m'en empêches, chienne, en m'interrompant à
tous coups.

TOINETTE. Si vous avez le plaisir de quereller, il faut bien
que de mon côté j'aie le plaisir de pleurer : chacun le
sien, ce n'est pas trop. Ah !

ARGAN. Allons, il faut en passer par là. Ôte-moi ceci,
111 coquine, ôte-moi ceci. *(Argan se lève de sa chaise.)* Mon
lavement d'aujourd'hui a-t-il bien opéré ?

TOINETTE. Votre lavement ?

ARGAN. Oui. Ai-je bien fait de la bile ?

TOINETTE. Ma foi, je ne me mêle point de ces affaires-là ;
c'est à monsieur Fleurant à y mettre le nez, puisqu'il en
a le profit.

ARGAN. Qu'on ait soin de me tenir un bouillon prêt pour
l'autre que je dois tantôt prendre.

TOINETTE. Ce monsieur Fleurant-là et ce monsieur Purgon
121 s'égayent bien sur votre corps ; ils ont en vous une
bonne vache à lait, et je voudrais bien leur demander
quel mal vous avez, pour vous faire tant de remèdes.

ARGAN. Taisez-vous, ignorante ; ce n'est pas à vous à contrôler les ordonnances de la médecine. Qu'on me fasse
venir ma fille Angélique, j'ai à lui dire quelque chose.

TOINETTE. La voici qui vient d'elle-même ; elle a deviné
votre pensée.

Scène 3

ANGÉLIQUE, TOINETTE, ARGAN

ARGAN. Approchez, Angélique, vous venez à propos ; je
130 voulais vous parler.

ANGÉLIQUE. Me voilà prête à vous ouïr.

ARGAN, *courant au bassin*. Attendez. Donnez-moi mon
bâton. Je vais revenir tout à l'heure.

TOINETTE, *en le raillant*. Allez vite, Monsieur, allez ; monsieur Fleurant nous donne des affaires[1].

Scène 4

ANGÉLIQUE, TOINETTE

ANGÉLIQUE, *la regardant d'un œil languissant, lui dit*
137 *confidemment*. Toinette !

TOINETTE. Quoi ?

ANGÉLIQUE. Regarde-moi un peu.

TOINETTE. Hé bien ! Je vous regarde.

ANGÉLIQUE. Toinette !

TOINETTE. Hé bien, quoi, « Toinette » ?...

ANGÉLIQUE. Ne devines-tu point de quoi je veux parler ?

TOINETTE. Je m'en doute assez : de notre jeune amant, car c'est sur lui depuis six jours que roulent tous nos entretiens, et vous n'êtes point bien si vous n'en parlez à toute heure.

ANGÉLIQUE. Puisque tu connais cela, que n'es-tu donc la 150 première à m'en entretenir, et que ne m'épargnes-tu la peine de te jeter sur ce discours ?

TOINETTE. Vous ne m'en donnez pas le temps, et vous avez des soins là-dessus qu'il est difficile de prévenir.

ANGÉLIQUE. Je t'avoue que je ne saurais me lasser de te parler de lui, et que mon cœur profite avec chaleur de tous les moments de s'ouvrir à toi. Mais dis-moi, condamnes-tu, Toinette, les sentiments que j'ai pour lui ?

TOINETTE. Je n'ai garde.

ANGÉLIQUE. Ai-je tort de m'abandonner à ces douces 160 impressions ?

TOINETTE. Je ne dis pas cela.

ANGÉLIQUE. Et voudrais-tu que je fusse insensible aux tendres protestations de cette passion ardente qu'il témoigne pour moi ?

TOINETTE. A Dieu ne plaise !

ANGÉLIQUE. Dis-moi un peu, ne trouves-tu pas, comme moi, quelque chose du Ciel, quelque effet du destin, dans l'aventure inopinée de notre connaissance ?

TOINETTE. Oui.

ANGÉLIQUE. Ne trouves-tu pas que cette action d'embras-171 ser ma défense sans me connaître est tout à fait d'un honnête homme ?

Daniel Sorano, Christiane Minazzoli, Zanie Campan (régie de Daniel Sorano, T.N.P., 1957).

TOINETTE. Oui.

ANGÉLIQUE. Que l'on ne peut en user plus généreusement ?

TOINETTE. D'accord.

ANGÉLIQUE. Et qu'il fit tout cela de la meilleure grâce du monde ?

TOINETTE. Oh ! oui.

ANGÉLIQUE. Ne trouves-tu pas, Toinette, qu'il est bien
181 fait de sa personne ?

TOINETTE. Assurément.

ANGÉLIQUE. Qu'il a l'air le meilleur du monde ?

TOINETTE. Sans doute.

ANGÉLIQUE. Que ses discours, comme ses actions, ont quelque chose de noble ?

TOINETTE. Cela est sûr.

ANGÉLIQUE. Qu'on ne peut rien entendre de plus passionné que tout ce qu'il me dit ?

TOINETTE. Il est vrai.

ANGÉLIQUE. Et qu'il n'est rien de plus fâcheux que la
192 contrainte où l'on me tient, qui bouche tout commerce aux doux empressements de cette mutuelle ardeur que le Ciel nous inspire.

TOINETTE. Vous avez raison.

ANGÉLIQUE. Mais, ma pauvre Toinette, crois-tu qu'il m'aime autant qu'il me le dit ?

TOINETTE. Hé ! hé ! ces choses-là parfois sont un peu sujettes à caution. Les grimaces d'amour ressemblent fort à
200 la vérité, et j'ai vu de grands comédiens là-dessus.

ANGÉLIQUE. Ah ! Toinette, que dis-tu là ? Hélas ! de la façon qu'il parle, serait-il bien possible qu'il ne me dît pas vrai ?

TOINETTE. En tout cas, vous en serez bientôt éclaircie, et

la résolution où il vous écrivit hier qu'il était de vous
faire demander en mariage[1] est une prompte voie à vous
faire connaître s'il vous dit vrai ou non. C'en sera là la
bonne preuve.

ANGÉLIQUE. Ah ! Toinette, si celui-là me trompe, je ne
210 croirai de ma vie aucun homme.

TOINETTE. Voilà votre père qui revient.

Scène 5
ARGAN, ANGÉLIQUE, TOINETTE

ARGAN *se met dans sa chaise.* O çà, ma fille, je vais vous
dire une nouvelle où peut-être ne vous attendez-vous
pas : on vous demande en mariage. Qu'est-ce que cela ?
Vous riez ? Cela est plaisant, oui, ce mot de mariage.
Il n'y a rien de plus drôle pour les jeunes filles. Ah !
nature, nature ! A ce que je puis voir, ma fille, je n'ai
que faire de vous demander si vous voulez bien vous
marier.

ANGÉLIQUE. Je dois faire, mon père, tout ce qu'il vous
221 plaira de m'ordonner.

ARGAN. Je suis bien aise d'avoir une fille si obéissante : la
chose est donc conclue, et je vous ai promise.

ANGÉLIQUE. C'est à moi, mon père, de suivre aveuglément toutes vos volontés.

ARGAN. Ma femme, votre belle-mère, avait envie que je
vous fisse religieuse, et votre petite sœur Louison aussi ;
et de tout temps elle a été aheurtée à cela.

TOINETTE, *tout bas.* La bonne bête a ses raisons.

ARGAN. Elle ne voulait point consentir à ce mariage ; mais
231 je l'ai emporté, et ma parole est donnée.

ANGÉLIQUE. Ah ! mon père, que je vous suis obligée de toutes vos bontés !

TOINETTE. En vérité, je vous sais bon gré de cela, et voilà l'action la plus sage que vous ayez faite de votre vie.

ARGAN. Je n'ai point encore vu la personne ; mais on m'a dit que je serais content, et toi aussi.

ANGÉLIQUE. Assurément, mon père.

ARGAN. Comment ! l'as-tu vu ?

ANGÉLIQUE. Puisque votre consentement m'autorise à
241 vous ouvrir mon cœur, je ne feindrai point de vous dire que le hasard nous a fait connaître, il y a six jours, et que la demande qu'on vous a faite est un effet de l'inclination que, dès cette première vue, nous avons prise l'un pour l'autre.

ARGAN. Ils ne m'ont pas dit cela, mais j'en suis bien aise et c'est tant mieux que les choses soient de la sorte. Ils
248 disent que c'est un grand jeune garçon bien fait.

ANGÉLIQUE. Oui, mon père.

ARGAN. De belle taille.

ANGÉLIQUE. Sans doute.

ARGAN. Agréable de sa personne.

ANGÉLIQUE. Assurément.

ARGAN. De bonne physionomie.

ANGÉLIQUE. Très bonne.

ARGAN. Sage et bien né.

ANGÉLIQUE. Tout à fait.

ARGAN. Fort honnête.

ANGÉLIQUE. Le plus honnête du monde.

ARGAN. Qui parle bien latin et grec.

ANGÉLIQUE. C'est ce que je ne sais pas.

ARGAN. Et qui sera reçu médecin dans trois jours.

ANGÉLIQUE. Lui, mon père ?

ARGAN. Oui. Est-ce qu'il ne te l'a pas dit ?

ANGÉLIQUE. Non, vraiment. Qui vous l'a dit, à vous ?

ARGAN. Monsieur Purgon.

ANGÉLIQUE. Est-ce que monsieur Purgon le connaît ?

ARGAN. La belle demande ! Il faut bien qu'il le connaisse,
269 puisque c'est son neveu.

ANGÉLIQUE. Cléante, neveu de monsieur Purgon ?

ARGAN. Quel Cléante ? Nous parlons de celui pour qui l'on
t'a demandée en mariage.

ANGÉLIQUE. Hé ! oui.

ARGAN. Hé bien ! c'est le neveu de monsieur Purgon, qui
est le fils de son beau-frère le médecin, monsieur Diafoirus ; et ce fils s'appelle Thomas Diafoirus, et non pas
Cléante ; et nous avons conclu ce mariage-là ce matin,
monsieur Purgon, monsieur Fleurant et moi, et demain
ce gendre prétendu doit m'être amené par son père.
280 Qu'est-ce ? Vous voilà toute ébaubie !

ANGÉLIQUE. C'est, mon père, que je connais que vous
avez parlé d'une personne, et que j'ai entendu une
autre.

TOINETTE. Quoi, Monsieur ? vous auriez fait ce dessein
burlesque ? et, avec tout le bien que vous avez, vous
voudriez marier votre fille avec un médecin ?

ARGAN. Oui. De quoi te mêles-tu, coquine, impudente que
tu es ?

TOINETTE. Mon Dieu ! tout doux : vous allez d'abord aux
290 invectives. Est-ce que nous ne pouvons pas raisonner
ensemble sans nous emporter ? Là, parlons de sang-
froid. Quelle est votre raison, s'il vous plaît, pour un tel
mariage ?

ARGAN. Ma raison est que, me voyant infirme et malade
comme je suis, je veux me faire un gendre et des alliés

médecins, afin de m'appuyer de bons secours contre
ma maladie, d'avoir dans ma famille les sources des
remèdes qui me sont nécessaires et d'être à même des
consultations et des ordonnances.

TOINETTE. Hé bien, voilà dire une raison, et il y a plaisir à
301 se répondre doucement les uns aux autres. Mais, Monsieur, mettez la main à la conscience. Est-ce que vous
êtes malade ?

ARGAN. Comment, coquine, si je suis malade ? si je suis
malade, impudente !

TOINETTE. Hé bien, oui, Monsieur, vous êtes malade :
n'ayons point de querelle là-dessus. Oui, vous êtes fort
malade ; j'en demeure d'accord, et plus malade que vous
ne pensez : voilà qui est fait. Mais votre fille doit épou-
310 ser un mari pour elle, et, n'étant point malade, il n'est
pas nécessaire de lui donner un médecin.

ARGAN. C'est pour moi que je lui donne ce médecin ; et
une fille de bon naturel doit être ravie d'épouser ce qui
est utile à la santé de son père.

TOINETTE. Ma foi, Monsieur, voulez-vous qu'en amie je
vous donne un conseil ?

ARGAN. Quel est-il, ce conseil ?

TOINETTE. De ne point songer à ce mariage-là.

ARGAN. Et la raison ?

TOINETTE. La raison, c'est que votre fille n'y consentira
321 point.

ARGAN. Elle n'y consentira point ?

TOINETTE. Non.

ARGAN. Ma fille ?

TOINETTE. Votre fille. Elle vous dira qu'elle n'a que faire
de monsieur Diafoirus, ni de son fils Thomas Diafoirus,
ni de tous les Diafoirus du monde.

ARGAN. J'en ai affaire[1], moi, outre que le parti est plus

avantageux qu'on ne pense : monsieur Diafoirus n'a que
330 ce fils-là pour tout héritier ; et, de plus, monsieur Purgon, qui n'a ni femme ni enfants, lui donne tout son
bien en faveur de ce mariage : et monsieur Purgon est
un homme qui a huit mille bonnes livres de rente.

TOINETTE. Il faut qu'il ait tué bien des gens pour s'être fait
si riche.

ARGAN. Huit mille livres de rente sont quelque chose, sans
compter le bien du père.

TOINETTE. Monsieur, tout cela est bel et bon ; mais j'en
reviens toujours là. Je vous conseille entre nous de lui
340 choisir un autre mari, et elle n'est point faite pour être
madame Diafoirus.

ARGAN. Et je veux, moi, que cela soit.

TOINETTE. Eh ! fi ! ne dites pas cela.

ARGAN. Comment ! que je ne dise pas cela ?

TOINETTE. Hé ! non.

ARGAN. Et pourquoi ne le dirai-je pas ?

TOINETTE. On dira que vous ne songez pas à ce que vous
dites.

ARGAN. On dira ce qu'on voudra, mais je vous dis que je
350 veux qu'elle exécute la parole que j'ai donnée.

TOINETTE. Non, je suis sûre qu'elle ne le fera pas[1].

ARGAN. Je l'y forcerai bien.

TOINETTE. Elle ne le fera pas, vous dis-je.

ARGAN. Elle le fera, ou je la mettrai dans un couvent.

TOINETTE. Vous ?

ARGAN. Moi.

TOINETTE. Bon !

ARGAN. Comment, bon ?

TOINETTE. Vous ne la mettrez point dans un couvent.

ARGAN. Je ne la mettrai point dans un couvent ?

TOINETTE. Non.

ARGAN. Non ?

TOINETTE. Non.

ARGAN. Ouais ! Voici qui est plaisant ! Je ne mettrai pas
365 ma fille dans un couvent, si je veux ?

TOINETTE. Non, vous dis-je.

ARGAN. Qui m'en empêchera ?

TOINETTE. Vous-même.

ARGAN. Moi ?

TOINETTE. Oui. Vous n'aurez pas ce cœur-là.

ARGAN. Je l'aurai.

TOINETTE. Vous vous moquez.

ARGAN. Je ne me moque point.

TOINETTE. La tendresse paternelle vous prendra.

ARGAN. Elle ne me prendra point.

TOINETTE. Une petite larme ou deux, des bras jetés au
cou, un « mon petit papa mignon » prononcé tendre-
378 ment, sera assez pour vous toucher.

ARGAN. Tout cela ne fera rien.

TOINETTE. Oui, oui.

ARGAN. Je vous dis que je n'en démordrai point.

TOINETTE. Bagatelles.

ARGAN. Il ne faut point dire : « bagatelles ».

TOINETTE. Mon Dieu, je vous connais, vous êtes bon
naturellement.

ARGAN, *avec emportement*. Je ne suis point bon, et je suis
méchant quand je veux.

TOINETTE. Doucement, Monsieur, vous ne songez pas que
vous êtes malade.

ARGAN. Je lui commande absolument de se préparer à
391 prendre le mari que je dis.

TOINETTE. Et moi, je lui défends absolument d'en faire
rien.

ARGAN. Où est-ce donc que nous sommes? Et quelle
audace est-ce là à une coquine de servante de parler de
la sorte devant son maître?

TOINETTE. Quand un maître ne songe pas à ce qu'il fait,
une servante bien sensée est en droit de le redresser.

ARGAN *court après Toinette.* Ah! insolente, il faut
400 que je t'assomme.

TOINETTE *se sauve de lui.* Il est de mon devoir de m'opposer aux choses qui vous peuvent déshonorer.

ARGAN, *en colère, court après elle autour de sa chaise, son
bâton à la main.* Viens, viens, que je t'apprenne à
parler.

TOINETTE, *courant et se sauvant du côté de la chaise où
n'est pas Argan.* Je m'intéresse, comme je dois, à ne
408 vous point laisser faire de folie.

ARGAN. Chienne!

TOINETTE. Non, je ne consentirai jamais à ce mariage.

ARGAN. Pendarde!

TOINETTE. Je ne veux point qu'elle épouse votre Thomas
Diafoirus.

ARGAN. Carogne!

TOINETTE. Et elle m'obéira plutôt qu'à vous.

ARGAN. Angélique, tu ne veux pas m'arrêter cette coquine-
là?

ANGÉLIQUE. Eh! mon père, ne vous faites point ma-
419 lade.

ARGAN. Si tu ne me l'arrêtes, je te donnerai ma malédic-
tion.

TOINETTE. Et moi, je la déshériterai si elle vous obéit.

ARGAN *se jette dans sa chaise, étant las de courir après elle.*
Ah ! ah ! je n'en puis plus. Voilà pour me faire mourir.

Scène 6
BÉLINE, ANGÉLIQUE, TOINETTE, ARGAN

ARGAN. Ah ! ma femme, approchez.

BÉLINE. Qu'avez-vous, mon pauvre mari ?

ARGAN. Venez-vous-en ici à mon secours.

BÉLINE. Qu'est-ce que c'est donc qu'il y a, mon petit
430 fils ?

ARGAN. Mamie.

BÉLINE. Mon ami.

ARGAN. On vient de me mettre en colère.

BÉLINE. Hélas ! pauvre petit mari ! Comment donc, mon
ami ?

ARGAN. Votre coquine de Toinette est devenue plus insolente que jamais.

BÉLINE. Ne vous passionnez donc point.

ARGAN. Elle m'a fait enrager, mamie.

BÉLINE. Doucement, mon fils.

ARGAN. Elle a contrecarré, une heure durant, les choses
442 que je veux faire.

BÉLINE. Là, là, tout doux !

ARGAN. Et a eu l'effronterie de me dire que je ne suis point
malade.

BÉLINE. C'est une impertinente.

ARGAN. Vous savez, mon cœur, ce qui en est.

BÉLINE. Oui, mon cœur, elle a tort.

ARGAN. M'amour, cette coquine-là me fera mourir.

BÉLINE. Hé, là ! hé, là !

ARGAN. Elle est cause de toute la bile que je fais.

BÉLINE. Ne vous fâchez point tant.

ARGAN. Et il y a je ne sais combien que je vous dis de me
454 la chasser.

BÉLINE. Mon Dieu, mon fils, il n'y a point de serviteurs et
de servantes qui n'aient leurs défauts. On est contraint
parfois de souffrir leurs mauvaises qualités à cause des
bonnes. Celle-ci est adroite, soigneuse, diligente, et surtout fidèle ; et vous savez qu'il faut maintenant de gran-
460 des précautions pour les gens que l'on prend. Holà !
Toinette !

TOINETTE. Madame.

BÉLINE. Pourquoi donc est-ce que vous mettez mon mari
en colère ?

TOINETTE, *d'un ton doucereux*. Moi, Madame ? Hélas, je
ne sais pas ce que vous voulez dire, et je ne songe qu'à
complaire à Monsieur en toutes choses.

ARGAN. Ah ! la traîtresse !

TOINETTE. Il nous a dit qu'il voulait donner sa fille en
470 mariage au fils de monsieur Diafoirus ; je lui ai répondu
que je trouvais le parti avantageux pour elle, mais que je
croyais qu'il ferait mieux de la mettre dans un couvent.

BÉLINE. Il n'y a pas grand mal à cela, et je trouve qu'elle a
raison.

ARGAN. Ah ! m'amour, vous la croyez ! C'est une scélérate,
elle m'a dit cent insolences.

BÉLINE. Hé bien, je vous crois, mon ami. Là, remettez-
vous. Écoutez, Toinette : si vous fâchez jamais mon
480 mari je vous mettrai dehors. Çà, donnez-moi son man-

teau fourré et des oreillers, que je l'accommode dans sa
chaise. Vous voilà je ne sais comment. Enfoncez bien
votre bonnet jusque sur vos oreilles ; il n'y a rien qui
enrhume tant que de prendre l'air par les oreilles.

ARGAN. Ah ! mamie, que je vous suis obligé de tous les
soins que vous prenez de moi !

BÉLINE, *accommodant les oreillers qu'elle met autour
d'Argan.* Levez-vous, que je mette ceci sous vous. Mettons celui-ci pour vous appuyer, et celui-là de l'autre
490 côté. Mettons celui-ci derrière votre dos, et cet autre-là
pour soutenir votre tête.

TOINETTE, *lui mettant rudement un oreiller sur la tête, et
puis fuyant.* Et celui-ci pour vous garder du serein.

ARGAN *se lève en colère et jette tous les oreillers à Toinette.*
Ah ! coquine, tu veux m'étouffer.

BÉLINE. Hé, là ! hé, là ! Qu'est-ce que c'est donc ?

ARGAN, *tout essoufflé, se jette dans sa chaise.* Ah ! ah ! ah !
je n'en puis plus.

BÉLINE. Pourquoi vous emporter ainsi ? Elle a cru faire
500 bien.

ARGAN. Vous ne connaissez pas, m'amour, la malice de la
pendarde. Ah ! elle m'a mis tout hors de moi : et il
faudra plus de huit médecines et douze lavements pour
réparer tout ceci.

BÉLINE. Là, là, mon petit ami, apaisez-vous un peu.

ARGAN. Mamie, vous êtes toute ma consolation.

BÉLINE. Pauvre petit fils !

ARGAN. Pour tâcher de reconnaître l'amour que vous me
portez, je veux, mon cœur, comme je vous ai dit, faire
510 mon testament.

BÉLINE. Ah ! mon ami, ne parlons point de cela, je vous
prie ; je ne saurais souffrir cette pensée, et le seul mot de
testament me fait tressaillir de douleur.

ARGAN. Je vous avais dit de parler pour cela à votre
   notaire.

BÉLINE. Le voilà là-dedans que j'ai amené avec moi.

ARGAN. Faites-le donc entrer, m'amour.

BÉLINE. Hélas ! mon ami, quand on aime bien un mari, on
   n'est guère en état de songer à tout cela.

Scène 7
LE NOTAIRE, BÉLINE, ARGAN

ARGAN. Approchez, monsieur de Bonnefoi, approchez.
521 Prenez un siège, s'il vous plaît. Ma femme m'a dit,
   Monsieur, que vous étiez fort honnête homme, et tout à
   fait de ses amis : et je l'ai chargée de vous parler pour
   un testament que je veux faire.

BÉLINE. Hélas ! je ne suis point capable de parler de ces
   choses-là.

LE NOTAIRE. Elle m'a, Monsieur, expliqué vos intentions
   et le dessein où vous êtes pour elle ; et j'ai à vous dire
   là-dessus que vous ne sauriez rien donner à votre
530 femme par votre testament.

ARGAN. Mais pourquoi ?

LE NOTAIRE. La coutume[1] y résiste. Si vous étiez en pays
   de droit écrit, cela se pourrait faire ; mais à Paris et dans
   les pays coutumiers, au moins dans la plupart, c'est ce
   qui ne se peut, et la disposition serait nulle. Tout l'avantage qu'homme et femme conjoints par mariage se peuvent faire l'un à l'autre, c'est un don mutuel entre
   vifs ; encore faut-il qu'il n'y ait enfants, soit des deux
   conjoints, ou de l'un d'eux, lors du décès du premier
540 mourant.

ARGAN. Voilà une coutume bien impertinente, qu'un mari

ne puisse rien laisser à une femme dont il est aimé tendrement et qui prend de lui tant de soin ! J'aurais envie de consulter mon avocat pour voir comment je pourrais faire.

LE NOTAIRE. Ce n'est point à des avocats qu'il faut aller, car ils sont d'ordinaire sévères là-dessus et s'imaginent que c'est un grand crime que de disposer en fraude de la loi. Ce sont gens de difficultés, et qui sont ignorants des
550 détours de la conscience. Il y a d'autres personnes à consulter qui sont bien plus accommodantes, qui ont des expédients pour passer doucement par-dessus la loi et rendre juste ce qui n'est pas permis, qui savent aplanir les difficultés d'une affaire et trouver les moyens d'éluder la coutume par quelque avantage indirect. Sans cela, où en serions-nous tous les jours ? Il faut de la facilité dans les choses ; autrement nous ne ferions rien, et je ne donnerais pas un sou de notre métier.

ARGAN. Ma femme m'avait bien dit, Monsieur, que vous
560 étiez fort habile et fort honnête homme. Comment puisje faire, s'il vous plaît, pour lui donner mon bien et en frustrer mes enfants ?

LE NOTAIRE. Comment vous pouvez faire ? Vous pouvez choisir doucement un ami intime de votre femme, auquel vous donnerez en bonne forme par votre testament tout ce que vous pouvez ; et cet ami ensuite lui rendra tout. Vous pouvez encore contracter un grand nombre d'obligations non suspectes au profit de divers créanciers, qui prêteront leur nom à votre femme, et
570 entre les mains de laquelle ils mettront leur déclaration que ce qu'ils en ont fait n'a été que pour lui faire plaisir. Vous pouvez aussi, pendant que vous êtes en vie, mettre entre ses mains de l'argent comptant, ou des billets que vous pourrez avoir payables au porteur.

BÉLINE. Mon Dieu ! Il ne faut point vous tourmenter de tout cela. S'il vient faute de vous, mon fils, je ne veux plus rester au monde.

ARGAN. Mamie !

BÉLINE. Oui, mon ami, si je suis assez malheureuse pour
580 vous perdre...

ARGAN. Ma chère femme !

BÉLINE. La vie ne me sera plus de rien.

ARGAN. M'amour !

BÉLINE. Et je suivrai vos pas pour vous faire connaître la
tendresse que j'ai pour vous.

ARGAN. Mamie, vous me fendez le cœur. Consolez-vous, je
vous en prie.

LE NOTAIRE. Ces larmes sont hors de saison, et les choses
n'en sont point encore là.

BÉLINE. Ah ! Monsieur, vous ne savez pas ce que c'est
591 qu'un mari qu'on aime tendrement.

ARGAN. Tout le regret que j'aurai, si je meurs, mamie, c'est
de n'avoir point un enfant de vous. Monsieur Purgon
m'avait dit qu'il m'en ferait faire un.

LE NOTAIRE. Cela pourra venir encore.

ARGAN. Il faut faire mon testament, m'amour, de la façon
que Monsieur dit ; mais par précaution je veux vous
mettre entre les mains vingt mille francs en or, que j'ai
dans le lambris de mon alcôve, et deux billets payables
600 au porteur, qui me sont dus, l'un par monsieur Damon,
et l'autre par monsieur Géronte.

BÉLINE. Non, non, je ne veux point de tout cela. Ah !
combien dites-vous qu'il y a dans votre alcôve ?

ARGAN. Vingt mille francs, m'amour.

BÉLINE. Ne me parlez point de bien, je vous prie. Ah ! de
combien sont les deux billets ?

ARGAN. Ils sont, ma mie, l'un de quatre mille francs, et
l'autre de six.

BÉLINE. Tous les biens du monde, mon ami, ne me sont
610 rien au prix de vous.

LE NOTAIRE. Voulez-vous que nous procédions au testament ?

ARGAN. Oui, Monsieur, mais nous serons mieux dans mon petit cabinet. M'amour, conduisez-moi, je vous prie.

BÉLINE. Allons, mon pauvre petit fils.

Scène 8

ANGÉLIQUE, TOINETTE

TOINETTE. Les voilà avec un notaire, et j'ai ouï parler de testament. Votre belle-mère ne s'endort point, et c'est sans doute quelque conspiration contre vos intérêts où elle pousse votre père.

ANGÉLIQUE. Qu'il dispose de son bien à sa fantaisie,
621 pourvu qu'il ne dispose point de mon cœur. Tu vois, Toinette, les desseins violents que l'on fait sur lui. Ne m'abandonne point, je te prie, dans l'extrémité où je suis.

TOINETTE. Moi, vous abandonner ? j'aimerais mieux mourir. Votre belle-mère a beau me faire sa confidente et me vouloir jeter dans ses intérêts, je n'ai jamais pu avoir d'inclination pour elle, et j'ai toujours été de votre parti. Laissez-moi faire, j'emploierai toute chose pour vous
630 servir ; mais, pour vous servir avec plus d'effet, je veux changer de batterie, couvrir le zèle que j'ai pour vous, et feindre d'entrer dans les sentiments de votre père et de votre belle-mère.

ANGÉLIQUE. Tâche, je t'en conjure, de faire donner avis à Cléante du mariage qu'on a conclu.

TOINETTE. Je n'ai personne à employer à cet office que le vieux usurier Polichinelle[1], mon amant, et il m'en coûtera pour cela quelques paroles de douceur, que je veux

Jacques Charon dans le rôle du Malade imaginaire. Mise en scène de J.-L. Cochet (Comédie-Française, 1972).

bien dépenser pour vous. Pour aujourd'hui, il est trop
640 tard ; mais demain, de grand matin, je l'enverrai quérir,
et il sera ravi de...

BÉLINE. Toinette !

TOINETTE. Voilà qu'on m'appelle. Bonsoir. Reposez-vous
sur moi.

Le théâtre change et représente une ville.

Premier intermède

Polichinelle dans la nuit vient pour donner une sérénade à sa maîtresse. Il est interrompu d'abord par des violons, contre lesquels il se met en colère, et ensuite par le guet, composé de musiciens et de danseurs.

POLICHINELLE. Ô amour, amour, amour, amour ! Pauvre Polichinelle, quelle diable de fantaisie t'es-tu allé mettre dans la cervelle ? A quoi t'amuses-tu, misérable insensé que tu es ? Tu quittes le soin de ton négoce, et tu laisses aller tes affaires à l'abandon. Tu ne manges plus, tu ne bois presque plus, tu perds le repos de la nuit, et tout cela pour qui ? Pour une dragonne, franche dragonne ; une diablesse qui te rembarre et se moque de tout ce que tu peux lui dire. Mais il n'y a point à raisonner
10 là-dessus : tu le veux, amour ; il faut être fou comme beaucoup d'autres. Cela n'est pas le mieux du monde à un homme de mon âge ; mais qu'y faire ? On n'est pas sage quand on veut, et les vieilles cervelles se démontent comme les jeunes.
Je viens voir si je ne pourrai point adoucir ma tigresse par une sérénade. Il n'y a rien parfois qui soit si touchant qu'un amant qui vient chanter ses doléances aux gonds et aux verrous de la porte de sa maîtresse. Voici de quoi accompagner ma voix. Ô nuit, ô chère nuit,
20 porte mes plaintes amoureuses jusque dans le lit de mon inflexible.

Il chante ces paroles :

TEXTE	TRADUCTION

Notte e dì v'amo e v'adoro.

Nuit et jour je vous aime et
[vous adore.

Cerco un sì per mio ristoro ;

Je cherche un oui pour mon
[réconfort ;

Ma se voi dite di no,
Bell'ingrata, io morirò.

Mais si vous dites non,
Belle ingrate, je mourrai.

Fra la speranza
S'afflige il cuore,
In lontananza
Consuma l'hore ;
30 *Si dolce inganno*
Che mi figura
Breve l'affanno,

Au sein de l'espérance
S'afflige le cœur,
Dans l'absence
Il consume les heures ;
La si douce illusion
Qui me donne à croire
Qu'est proche la fin de mon
[affliction

Ahi ! troppo dura.
Così per tropp' amar lan-
[*guisco e muoro.*

Hélas ! dure trop.
Aussi pour trop aimer je lan-
[guis et je meurs.

Notte e dì v'amo e v'adoro.

Nuit et jour je vous aime et
[vous adore.

Cerco un sì per mio ristoro ;

Je cherche un oui pour mon
[réconfort ;

Ma se voi dite di no,
Bell'ingrata, io morirò.

Mais si vous dites non,
Belle ingrate, je mourrai.

Se non dormite,
40 *Almen pensate*
Alle ferite
Ch'al cuor mi fate ;
Deh ! almen fingete
Per mio conforto,
Se m'uccidete,
D'haver il torto :
Vostra pietà mi scemerà il
[*martoro.*

Si vous ne dormez pas,
Pensez au moins
Aux blessures
Qu'au cœur vous me faites.
Ah ! feignez au moins
Pour mon réconfort,
Si vous me tuez,
D'en avoir du remords :
Votre pitié diminuera mon
[martyre.

Notte e dì v'amo e v'adoro.

Nuit et jour je vous aime et
[vous adore.

Cerco un sì per mio ristoro ;

Je cherche un oui pour mon
[réconfort ;

50 *Ma se voi dite di no,*
Bell' ingrata, io morirò.

Mais si vous dites non,
Belle ingrate, je mourrai.

Une vieille se présente à la fenêtre, et répond au signor Polichinelle en se moquant de lui.

Zerbinetti, ch' ogn' hor' con	Petits galants qui à toute
[finti sguardi,	[heure avec des regards
	[trompeurs,
Mentiti desiri,	Des désirs menteurs,
Fallaci sospiri,	Des soupirs fallacieux,
Accenti bugiardi,	Et des accents perfides,
Di fede vi pregiate,	Vous vantez de votre foi
Ah! che non m'ingannate.	Ah! vous ne m'abusez pas.
Che già so per prova,	Car déjà je sais par expé-
	[rience
Ch'in voi non si trova	Qu'en vous on ne trouve
60 *Constanza ne fede;*	Ni constance ni foi;
Oh! quanto è pazza colei che	Oh! comme elle est folle celle
[vi crede!	[qui vous croit!
Quei sguardi languidi	Les regards languissants
Non m'innamorano,	Ne me troublent plus,
Quei sospir' fervidi	Ces soupirs brûlants
Più non m'infiammano;	Ne m'enflamment plus;
Vel giuro a fè.	Je vous le jure sur ma foi.
Zerbino misero,	Pauvre galant,
Del vostro piangere	De toutes vos plaintes
Il mio cor libero	Mon cœur libéré
70 *Vuol sempre ridere.*	Veut toujours se rire.
Credet' a me	Croyez-moi,
Che già so per prova	Déjà je sais par expérience
Ch'in voi non si trova	Qu'en vous on ne trouve
Constanza ne fede;	Ni constance ni foi;
Oh! quanto è pazza colei che	Oh! comme elle est folle celle
[vi crede!	[qui vous croit!

(Violons.)

POLICHINELLE. Quelle impertinente harmonie vient interrompre ici ma voix?

(Violons.)

POLICHINELLE. Paix là! taisez-vous, violons. Laissez-moi me plaindre à mon aise des cruautés de mon inexora-
80 ble.

(Violons.)

POLICHINELLE. Taisez-vous, vous dis-je! C'est moi qui veux chanter.

(Violons.)

POLICHINELLE. Paix donc!

(Violons.)

POLICHINELLE. Ouais!

(Violons.)

POLICHINELLE. Ahi!

(Violons.)

POLICHINELLE. Est-ce pour rire?

(Violons.)

POLICHINELLE. Ah! que de bruit!

(Violons.)

POLICHINELLE. Le diable vous emporte!

(Violons.)

POLICHINELLE. J'enrage!

(Violons.)

POLICHINELLE. Vous ne vous tairez pas? Ah! Dieu soit [91] loué!

(Violons.)

POLICHINELLE. Encore?

(Violons.)

POLICHINELLE. Peste des violons!

(Violons.)

POLICHINELLE. La sotte musique que voilà!

(Violons.)

POLICHINELLE, chantant pour se moquer des violons. *La, la, la, la, la, la.*

(Violons.)

POLICHINELLE. *La, la, la, la, la, la.*

(Violons.)

POLICHINELLE. *La, la, la, la, la, la.*

(Violons.)

POLICHINELLE. *La, la, la, la, la, la.*
   (Violons.)

POLICHINELLE. *La, la, la, la, la, la.*
   (Violons.)

POLICHINELLE, avec un luth, dont il ne joue que des lèvres et
102 de la langue, en disant : *plin, tan, plan,* etc. Par ma foi, cela
me divertit. Poursuivez, messieurs les violons, vous me
ferez plaisir. Allons donc, continuez, je vous en prie.
Voilà le moyen de les faire taire. La musique est accoutumée à ne point faire ce qu'on veut. Oh ! sus, à nous !
Avant que de chanter, il faut que je prélude un peu et
joue quelque pièce, afin de mieux prendre mon ton.
Plan, plan, plan. Plin, plin, plin. Voilà un temps fâcheux
110 pour mettre un luth d'accord. Plin, plin, plin. Plin, tan,
plan. Plin, plin. Les cordes ne tiennent point par ce
temps-là. Plin, plan. J'entends du bruit. Mettons mon
luth contre la porte.

ARCHERS, passant dans la rue, accourent au bruit qu'ils entendent et demandent en chantant. *Qui va là ? qui va là ?*

POLICHINELLE, tout bas. Qui diable est-ce là ? Est-ce que
c'est la mode de parler en musique ?

ARCHERS. *Qui va là ? qui va là ? qui va là ?*

POLICHINELLE, épouvanté. Moi, moi, moi.

ARCHERS. *Qui va là ? qui va là ? vous dis-je.*

POLICHINELLE. Moi, moi, vous dis-je.

ARCHERS. *Et qui toi ? et qui toi ?*

POLICHINELLE. Moi, moi, moi, moi, moi, moi.

ARCHERS.
124 *Dis ton nom, dis ton nom, sans davantage attendre.*

POLICHINELLE, feignant d'être bien hardi.
   Mon nom est « Va te faire pendre ».

ARCHERS.
     Ici, camarades, ici.
   Saisissons l'insolent qui nous répond ainsi.

ENTRÉE DE BALLET

Tout le guet vient, qui cherche Polichinelle dans la nuit.

(Violons et danseurs.)

POLICHINELLE. Qui va là ?

(Violons et danseurs.)

POLICHINELLE. Qui sont les coquins que j'entends ?

(Violons et danseurs.)

POLICHINELLE. Euh !

(Violons et danseurs.)

POLICHINELLE. Holà ! mes laquais, mes gens.

(Violons et danseurs.)

POLICHINELLE. Par la mort !

(Violons et danseurs.)

POLICHINELLE. Par le sang !

(Violons et danseurs.)

POLICHINELLE. J'en jetterai par terre.

(Violons et danseurs.)

POLICHINELLE. Champagne, Poitevin, Picard, Basque, 136 Breton[1] !

(Violons et danseurs.)

POLICHINELLE. Donnez-moi mon mousqueton.

(Violons et danseurs.)

POLICHINELLE, fait semblant de tirer un coup de pistolet. Pouh !

(Ils tombent tous et s'enfuient.)

POLICHINELLE, en se moquant. Ah ! ah ! ah ! ah ! comme je 141 leur ai donné l'épouvante. Voilà de sottes gens d'avoir peur de moi qui ai peur des autres. Ma foi, il n'est que

de jouer d'adresse en ce monde. Si je n'avais tranché du
grand seigneur et n'avais fait le brave, ils n'auraient pas
manqué de me happer ! Ah ! ah ! ah !

Les archers se rapprochent, et, ayant entendu ce qu'il disait,
ils le saisissent au collet.

ARCHERS.
 Nous le tenons ; à nous, camarades, à nous !
  Dépêchez, de la lumière.

BALLET

Tout le guet vient avec des lanternes.

ARCHERS.
   Ah ! traître ! Ah ! fripon ! c'est donc vous ?
 Faquin, maraud, pendard, impudent, téméraire,
150 *Insolent, effronté, coquin, filou, voleur !*
   Vous osez nous faire peur !

POLICHINELLE.
  Messieurs, c'est que j'étais ivre.

ARCHERS.
  Non, non, non, point de raison,
  Il faut vous apprendre à vivre.
  En prison, vite, en prison.

POLICHINELLE. Messieurs, je ne suis point voleur.

ARCHERS. En prison.

POLICHINELLE. Je suis un bourgeois de la ville.

ARCHERS. En prison.

POLICHINELLE. Qu'ai-je fait ?

ARCHERS. En prison, vite, en prison.

POLICHINELLE. Messieurs, laissez-moi aller.

ARCHERS. Non.

POLICHINELLE. Je vous en prie.

ARCHERS. Non.

POLICHINELLE. Eh !

ARCHERS. Non.

POLICHINELLE. De grâce !

ARCHERS. Non, non.

POLICHINELLE. Messieurs...

ARCHERS. Non, non, non.

POLICHINELLE. S'il vous plaît !

ARCHERS. Non, non.

POLICHINELLE. Par charité !

ARCHERS. Non, non.

POLICHINELLE. Au nom du Ciel !

ARCHERS. Non, non.

POLICHINELLE. Miséricorde !

ARCHERS.
> *Non, non, non, point de raison,*
> *Il faut vous apprendre à vivre.*
> *En prison, vite, en prison.*

180

POLICHINELLE. Eh ! n'est-il rien, messieurs, qui soit capable d'attendrir vos âmes ?

ARCHERS.
> *Il est aisé de nous toucher,*
> *Et nous sommes humains plus qu'on ne saurait croire.*
> *Donnez-nous doucement six pistoles pour boire,*
> *Nous allons vous lâcher.*

POLICHINELLE. Hélas ! messieurs, je vous assure que je n'ai pas un sol sur moi.

ARCHERS.

190   *Au défaut de six pistoles,*
          Choisissez donc, sans façon,
          D'avoir trente croquignoles
          Ou douze coups de bâton.

POLICHINELLE. Si c'est une nécessité, et qu'il faille en
passer par là, je choisis les croquignoles.

ARCHERS.

          Allons, préparez-vous,
          Et comptez bien les coups.

BALLET

Les archers danseurs lui donnent des croquignoles en cadence.

POLICHINELLE. Un, et deux, trois et quatre, cinq et six,
sept et huit, neuf et dix, onze et douze et treize et qua-
200 torze et quinze.

ARCHERS.

          Ah ! ah ! vous en voulez passer ;
          Allons, c'est à recommencer.

POLICHINELLE. Ah ! messieurs, ma pauvre tête n'en peut
plus, et vous venez de me la rendre comme une pomme
cuite. J'aime encore mieux les coups de bâton que de
recommencer[1].

ARCHERS.

Soit, puisque le bâton est pour vous plus charmant,
          Vous aurez contentement.

BALLET

Les archers danseurs lui donnent des coups de bâton en cadence.

POLICHINELLE. Un, deux, trois, quatre, cinq, six, ah ! ah ! 210 ah ! je n'y saurais plus résister. Tenez, messieurs, voilà six pistoles que je vous donne.

ARCHERS.
Ah ! l'honnête homme ! ah ! l'âme noble et belle !
Adieu, seigneur, adieu, seigneur Polichinelle.

POLICHINELLE. Messieurs, je vous donne le bonsoir.

ARCHERS.
Adieu, seigneur, adieu, seigneur Polichinelle.

POLICHINELLE. Votre serviteur.

ARCHERS.
Adieu, seigneur, adieu, seigneur Polichinelle.

POLICHINELLE. Très humble valet.

ARCHERS.
219 *Adieu, seigneur, adieu, seigneur Polichinelle.*

POLICHINELLE. Jusqu'au revoir.

BALLET

Ils dansent tous en réjouissance de l'argent qu'ils ont reçu.
Le théâtre change et représente une chambre.

Acte II

Scène 1

TOINETTE, CLÉANTE

TOINETTE. Que demandez-vous, Monsieur ?

CLÉANTE. Ce que je demande ?

TOINETTE. Ah ! ah ! c'est vous ? Quelle surprise ! Que venez-vous faire céans ?

CLÉANTE. Savoir ma destinée, parler à l'aimable Angélique, consulter les sentiments de son cœur, et lui demander ses résolutions sur ce mariage fatal dont on m'a averti.

TOINETTE. Oui ; mais on ne parle pas comme cela de but
10 en blanc à Angélique ; il y faut des mystères, et l'on vous a dit l'étroite garde où elle est retenue, qu'on ne la laisse ni sortir ni parler à personne, et que ce ne fut que la curiosité d'une vieille tante qui nous fit accorder la liberté d'aller à cette comédie qui donna lieu à la naissance de votre passion : et nous nous sommes bien gardées de parler de cette aventure.

CLÉANTE. Aussi ne viens-je pas ici comme Cléante, et sous l'apparence de son amant, mais comme ami de son maître de musique, dont j'ai obtenu le pouvoir de dire qu'il
20 m'envoie à sa place.

TOINETTE. Voici son père. Retirez-vous un peu, et me laissez lui dire que vous êtes là.

Scène 2
ARGAN, TOINETTE, CLÉANTE

ARGAN. Monsieur Purgon m'a dit de me promener le matin dans ma chambre douze allées et douze venues ; mais j'ai oublié à lui demander si c'est en long ou en large[1].

TOINETTE. Monsieur, voilà un...

ARGAN. Parle bas, pendarde ! tu viens m'ébranler tout le cerveau, et tu ne songes pas qu'il ne faut point parler si 30 haut à des malades.

TOINETTE. Je voulais vous dire, Monsieur...

ARGAN. Parle bas, te dis-je.

TOINETTE. Monsieur...

Elle fait semblant de parler.

ARGAN. Eh ?

TOINETTE. Je vous dis que...

Elle fait semblant de parler.

ARGAN. Qu'est-ce que tu dis ?

TOINETTE, *haut.* Je dis que voilà un homme qui veut parler à vous.

ARGAN. Qu'il vienne.

Toinette fait signe à Cléante d'avancer.

CLÉANTE. Monsieur...

TOINETTE, *raillant.* Ne parlez pas si haut, de peur d'ébran-42 ler le cerveau de Monsieur.

CLÉANTE. Monsieur, je suis ravi de vous trouver debout et de voir que vous vous portez mieux.

TOINETTE, *feignant d'être en colère.* Comment, qu'il se porte mieux ? Cela est faux. Monsieur se porte toujours mal.

CLÉANTE. J'ai ouï dire que Monsieur était mieux, et je lui
trouve bon visage.

TOINETTE. Que voulez-vous dire avec votre bon visage ?
51 Monsieur l'a fort mauvais, et ce sont des impertinents
qui vous ont dit qu'il était mieux. Il ne s'est jamais si
mal porté.

ARGAN. Elle a raison.

TOINETTE. Il marche, dort, mange et boit tout comme les
autres ; mais cela n'empêche pas qu'il ne soit fort malade.

ARGAN. Cela est vrai.

CLÉANTE. Monsieur, j'en suis au désespoir. Je viens de la
part du maître à chanter de mademoiselle votre fille. Il
60 s'est vu obligé d'aller à la campagne pour quelques
jours, et, comme son ami intime, il m'envoie à sa place
pour lui continuer ses leçons de peur qu'en les interrompant elle ne vînt à oublier ce qu'elle sait déjà.

ARGAN. Fort bien. Appelez Angélique.

TOINETTE. Je crois, Monsieur, qu'il sera mieux de mener
Monsieur à sa chambre.

ARGAN. Non, faites-la venir.

TOINETTE. Il ne pourra lui donner leçon comme il faut
69 s'ils ne sont en particulier.

ARGAN. Si fait, si fait.

TOINETTE. Monsieur, cela ne fera que vous étourdir, et il
ne faut rien pour vous émouvoir en l'état où vous êtes et
vous ébranler le cerveau.

ARGAN. Point, point, j'aime la musique, et je serai bien
aise de... Ah ! la voici. Allez-vous-en voir, vous, si ma
femme est habillée.

Scène 3
ARGAN, ANGÉLIQUE, CLÉANTE

ARGAN. Venez, ma fille, votre maître de musique est allé aux champs, et voilà une personne qu'il envoie à sa
79 place pour vous montrer.

ANGÉLIQUE. Ah ! Ciel.

ARGAN. Qu'est-ce ? D'où vient cette surprise ?

ANGÉLIQUE. C'est...

ARGAN. Quoi ? Qui vous émeut de la sorte ?

ANGÉLIQUE. C'est, mon père, une aventure surprenante qui se rencontre ici.

ARGAN. Comment ?

ANGÉLIQUE. J'ai songé cette nuit que j'étais dans le plus grand embarras du monde, et qu'une personne faite tout comme Monsieur s'est présentée à moi, à qui j'ai
90 demandé secours, et qui m'est venue tirer de la peine où j'étais ; et ma surprise a été grande de voir inopinément en arrivant ici ce que j'ai eu dans l'idée toute la nuit.

CLÉANTE. Ce n'est pas être malheureux que d'occuper votre pensée, soit en dormant, soit en veillant ; et mon bonheur serait grand sans doute si vous étiez dans quelque peine dont vous me jugeassiez digne de vous tirer ; et il n'y a rien que je ne fisse pour...

Scène 4
TOINETTE, CLÉANTE, ANGÉLIQUE, ARGAN

TOINETTE, *par dérision.* Ma foi, Monsieur, je suis pour
100 vous maintenant, et je me dédis de tout ce que je disais

hier. Voici monsieur Diafoirus le père et monsieur Diafoirus le fils qui viennent vous rendre visite. Que vous
serez bien engendré[1] ! Vous allez voir le garçon le mieux
fait du monde et le plus spirituel. Il n'a dit que deux
mots, qui m'ont ravie, et votre fille va être charmée de
lui.

ARGAN, *à Cléante, qui feint de vouloir s'en aller.* Ne vous
en allez point, Monsieur. C'est que je marie ma fille, et
voilà qu'on lui amène son prétendu mari, qu'elle n'a
110 point encore vu.

CLÉANTE. C'est m'honorer beaucoup, Monsieur, de vouloir
que je sois témoin d'une entrevue si agréable.

ARGAN. C'est le fils d'un habile médecin, et le mariage se
fera dans quatre jours.

CLÉANTE. Fort bien.

ARGAN. Mandez-le un peu à son maître de musique afin
qu'il se trouve à la noce.

CLÉANTE. Je n'y manquerai pas.

ARGAN. Je vous y prie aussi.

CLÉANTE. Vous me faites beaucoup d'honneur.

TOINETTE. Allons, qu'on se range ; les voici.

Scène 5

MONSIEUR DIAFOIRUS, THOMAS DIAFOIRUS,
ARGAN, ANGÉLIQUE, CLÉANTE, TOINETTE

ARGAN, *mettant la main à son bonnet sans l'ôter.* Mon-
123 sieur Purgon, Monsieur, m'a défendu de découvrir ma
tête. Vous êtes du métier, vous savez les conséquences.

MONSIEUR DIAFOIRUS. Nous sommes dans toutes nos

visites pour porter secours aux malades, et non pour leur porter de l'incommodité.

ARGAN. Je reçois, Monsieur...

Ils parlent tous deux en même temps, s'interrompent et confondent.

MONSIEUR DIAFOIRUS. Nous venons ici, Monsieur...

ARGAN. Avec beaucoup de joie...

MONSIEUR DIAFOIRUS. Mon fils Thomas et moi...

ARGAN. L'honneur que vous me faites...

MONSIEUR DIAFOIRUS. Vous témoigner, Monsieur...

ARGAN. Et j'aurais souhaité...

MONSIEUR DIAFOIRUS. Le ravissement où nous sommes...

ARGAN. De pouvoir aller chez vous...

MONSIEUR DIAFOIRUS. De la grâce que vous nous fai-140 tes...

ARGAN. Pour vous en assurer...

MONSIEUR DIAFOIRUS. De vouloir bien nous recevoir...

ARGAN. Mais vous savez, Monsieur...

MONSIEUR DIAFOIRUS. Dans l'honneur, Monsieur...

ARGAN. Ce que c'est qu'un pauvre malade...

MONSIEUR DIAFOIRUS. De votre alliance...

ARGAN. Qui ne peut faire autre chose...

MONSIEUR DIAFOIRUS. Et vous assurer...

ARGAN. Que de vous dire ici...

MONSIEUR DIAFOIRUS. Que dans les choses qui dépen-152 dront de notre métier...

ARGAN. Qu'il cherchera toutes les occasions...

MONSIEUR DIAFOIRUS. De même qu'en toute autre...

ARGAN. De vous faire connaître, Monsieur...

MONSIEUR DIAFOIRUS. Nous serons toujours prêts, Monsieur...

ARGAN. Qu'il est tout à votre service...

MONSIEUR DIAFOIRUS. A vous témoigner notre zèle. *(Il*
160 *se retourne vers son fils et lui dit :)* Allons, Thomas, avancez. Faites vos compliments[1].

THOMAS DIAFOIRUS *est un grand benêt nouvellement sorti des écoles, qui fait toutes choses de mauvaise grâce et à contretemps.* N'est-ce pas par le père qu'il convient commencer ?

MONSIEUR DIAFOIRUS. Oui.

THOMAS DIAFOIRUS. Monsieur, je viens saluer, reconnaître, chérir et révérer en vous un second père, mais un second père auquel j'ose dire que je me trouve plus
170 redevable qu'au premier. Le premier m'a engendré, mais vous m'avez choisi. Il m'a reçu par nécessité, mais vous m'avez accepté par grâce. Ce que je tiens de lui est un ouvrage de son corps, mais ce que je tiens de vous est un ouvrage de votre volonté ; et, d'autant plus que les facultés spirituelles sont au-dessus des corporelles, d'autant plus je vous dois, et d'autant plus je tiens précieuse cette future filiation, dont je viens aujourd'hui vous rendre par avance les très humbles et très respectueux hommages.

TOINETTE. Vivent les collèges d'où l'on sort si habile
181 homme !

THOMAS DIAFOIRUS. Cela a-t-il bien été, mon père ?

MONSIEUR DIAFOIRUS. *Optime.*

ARGAN, *à Angélique.* Allons, saluez Monsieur.

THOMAS DIAFOIRUS. Baiserai-je[2] ?

MONSIEUR DIAFOIRUS. Oui, oui.

THOMAS DIAFOIRUS, *à Angélique.* Madame, c'est avec

justice que le Ciel vous a concédé le nom de belle-mère, puisque l'on...

ARGAN. Ce n'est pas ma femme, c'est ma fille à qui vous
191 parlez.

THOMAS DIAFOIRUS. Où donc est-elle ?

ARGAN. Elle va venir.

THOMAS DIAFOIRUS. Attendrai-je, mon père, qu'elle soit venue ?

MONSIEUR DIAFOIRUS. Faites toujours le compliment de Mademoiselle.

THOMAS DIAFOIRUS. Mademoiselle, ne plus ne moins que la statue de Memnon[1] rendait un son harmonieux
200 lorsqu'elle venait à être éclairée des rayons du soleil, tout de même me sens-je animé d'un doux transport à l'apparition du soleil de vos beautés. Et, comme les naturalistes remarquent que la fleur nommée héliotrope tourne sans cesse vers cet astre du jour, aussi mon cœur, dores-en-avant, tournera-t-il toujours vers les astres resplendissants de vos yeux adorables, ainsi que vers son pôle unique. Souffrez donc, Mademoiselle, que j'appende aujourd'hui à l'autel de vos charmes l'offrande de ce cœur, qui ne respire et n'ambitionne autre
210 gloire que d'être toute sa vie, Mademoiselle, votre très humble, très obéissant et très fidèle serviteur et mari.

TOINETTE, *en le raillant.* Voilà ce que c'est que d'étudier, on apprend à dire de belles choses.

ARGAN. Eh ! que dites-vous de cela ?

CLÉANTE. Que Monsieur fait merveilles, et que, s'il est aussi bon médecin qu'il est bon orateur, il y aura plaisir à être de ses malades.

TOINETTE. Assurément. Ce sera quelque chose d'admirable, s'il fait d'aussi belles cures qu'il fait de beaux
220 discours.

ARGAN. Allons, vite, ma chaise, et des sièges à tout le

monde. Mettez-vous là, ma fille. Vous voyez, Monsieur,
que tout le monde admire Monsieur votre fils, et je vous
trouve bien heureux de vous voir un garçon comme
cela.

MONSIEUR DIAFOIRUS. Monsieur, ce n'est pas parce que
   je suis son père, mais je puis dire que j'ai sujet d'être
   content de lui, et que tous ceux qui le voient en parlent
   comme d'un garçon qui n'a point de méchanceté. Il n'a
230 jamais eu l'imagination bien vive, ni ce feu d'esprit
   qu'on remarque dans quelques-uns, mais c'est par là que
   j'ai toujours bien auguré de sa judiciaire, qualité requise
   pour l'exercice de notre art. Lorsqu'il était petit, il n'a
   jamais été ce qu'on appelle mièvre et éveillé. On le
   voyait toujours doux, paisible et taciturne, ne disant
   jamais mot, et ne jouant jamais à tous ces petits jeux
   que l'on nomme enfantins. On eut toutes les peines du
   monde à lui apprendre à lire, et il avait neuf ans qu'il ne
   connaissait pas encore ses lettres. « Bon, disais-je en
240 moi-même, les arbres tardifs sont ceux qui produisent
   les meilleurs fruits. On grave sur le marbre bien plus
   malaisément que sur le sable ; mais les choses y sont
   conservées bien plus longtemps, et cette lenteur à comprendre, cette pesanteur d'imagination est la marque
   d'un bon jugement à venir. » Lorsque je l'envoyai au
   collège, il trouva de la peine ; mais il se raidissait contre
   les difficultés, et ses régents se louaient toujours à moi
   de son assiduité et de son travail. Enfin, à force de bat-
   tre le fer, il en est venu glorieusement à avoir ses licen-
250 ces[1] ; et je puis dire sans vanité que depuis deux ans
   qu'il est sur les bancs, il n'y a point de candidat qui ait
   fait plus de bruit que lui dans toutes les disputes de
   notre école. Il s'y est rendu redoutable, et il ne s'y passe
   point d'acte où il n'aille argumenter à outrance pour la
   proposition contraire. Il est ferme dans la dispute, fort
   comme un Turc sur ses principes, ne démord jamais
   de son opinion, et poursuit un raisonnement jusque

dans les derniers recoins de la logique. Mais, sur toute chose, ce qui me plaît en lui, et en quoi il suit mon 260 exemple, c'est qu'il s'attache aveuglément aux opinions de nos anciens, et que jamais il n'a voulu comprendre ni écouter les raisons et les expériences des prétendues découvertes de notre siècle touchant la circulation du sang et autres opinions de même farine[1].

THOMAS DIAFOIRUS, *tirant une grande thèse roulée de sa poche, qu'il présente à Angélique.* J'ai contre les circulateurs soutenu une thèse, qu'avec la permission de Monsieur, j'ose présenter à Mademoiselle comme un hommage que je lui dois des prémices de mon esprit.

ANGÉLIQUE. Monsieur, c'est pour moi un meuble inutile, 271 et je ne me connais pas à ces choses-là.

TOINETTE. Donnez, donnez, elle est toujours bonne à prendre pour l'image[2], cela servira à parer notre chambre.

THOMAS DIAFOIRUS. Avec la permission aussi de Monsieur, je vous invite à venir voir l'un de ces jours, pour vous divertir, la dissection d'une femme, sur quoi je dois raisonner[3].

TOINETTE. Le divertissement sera agréable. Il y en a qui 280 donnent la comédie à leurs maîtresses, mais donner une dissection est quelque chose de plus galant.

MONSIEUR DIAFOIRUS. Au reste, pour ce qui est des qualités requises pour le mariage et la propagation, je vous assure que, selon les règles de nos docteurs, il est tel qu'on le peut souhaiter ; qu'il possède à un degré louable la vertu prolifique, et qu'il est du tempérament qu'il faut pour engendrer et procréer des enfants bien conditionnés.

ARGAN. N'est-ce pas votre intention, Monsieur, de le pous- 290 ser à la Cour et d'y ménager pour lui une charge de médecin ?

MONSIEUR DIAFOIRUS. A vous en parler franchement,
notre métier auprès des grands ne m'a jamais paru
agréable, et j'ai toujours trouvé qu'il valait mieux, pour
nous autres, demeurer au public. Le public est com-
mode. Vous n'avez à répondre de vos actions à personne, et, pourvu que l'on suive le courant des règles de
l'art, on ne se met point en peine de tout ce qui peut
arriver. Mais ce qu'il y a de fâcheux auprès des grands,
300 c'est que, quand ils viennent à être malades, ils veulent
absolument que leurs médecins les guérissent.

TOINETTE. Cela est plaisant, et ils sont bien impertinents
de vouloir que, vous autres, Messieurs, vous les guéris-
siez ! Vous n'êtes point auprès d'eux pour cela ; vous n'y
êtes que pour recevoir vos pensions et leur ordonner des
remèdes ; c'est à eux à guérir s'ils peuvent.

MONSIEUR DIAFOIRUS. Cela est vrai. On n'est obligé
qu'à traiter les gens dans les formes.

ARGAN, *à Cléante.* Monsieur, faites un peu chanter ma fille
310 devant la compagnie.

CLÉANTE. J'attendais vos ordres, Monsieur, et il m'est
venu en pensée, pour divertir la compagnie, de chanter
avec Mademoiselle une scène d'un petit opéra qu'on a
fait depuis peu. *(A Angélique, lui donnant un papier.)*
Tenez, voilà votre partie.

ANGÉLIQUE. Moi ?

CLÉANTE, *bas à Angélique.* Ne vous défendez point, s'il
vous plaît, et me laissez vous faire comprendre ce que
c'est que la scène que nous devons chanter. *(Haut.)* Je
320 n'ai pas une voix à chanter ; mais il suffit que je me
fasse entendre, et l'on aura la bonté de m'excuser par la
nécessité où je me trouve de faire chanter Mademoiselle.

ARGAN. Les vers en sont-ils beaux ?

CLÉANTE. C'est proprement ici un petit opéra impromptu,

et vous n'allez entendre chanter que de la prose caden-
cée, ou des manières de vers libres[1], tels que la passion
et la nécessité peuvent faire trouver à deux personnes
qui disent les choses d'elles-mêmes et parlent sur-le-
330 champ.

ARGAN. Fort bien. Écoutons.

CLÉANTE, *sous le nom d'un berger, explique à sa maîtresse
son amour depuis leur rencontre, et ensuite ils s'appli-
quent leurs pensées l'un à l'autre en chantant.* Voici le
sujet de la scène. Un berger était attentif aux beautés
d'un spectacle qui ne faisait que de commencer, lorsqu'il
fut tiré de son attention par un bruit qu'il entendit à ses
côtés. Il se retourne et voit un brutal qui, de paroles
insolentes, maltraitait une bergère. D'abord il prend les
340 intérêts d'un sexe à qui tous les hommes doivent hommage ; et, après avoir donné au brutal le châtiment de
son insolence, il vient à la bergère et voit une jeune
personne qui, des deux plus beaux yeux qu'il eût jamais
vus, versait des larmes, qu'il trouva les plus belles du
monde. « Hélas ! dit-il en lui-même, est-on capable d'ou-
trager une personne si aimable ? Et quel humain, quel
barbare, ne serait touché par de telles larmes ? » Il prend
soin de les arrêter, ces larmes qu'il trouve si belles ; et
l'aimable bergère prend soin en même temps de le
350 remercier de son léger service, mais d'une manière si char-
mante, si tendre et si passionnée, que le berger n'y peut
résister, et chaque mot, chaque regard, est un trait plein
de flamme dont son cœur se sent pénétré. « Est-il, disait-
il, quelque chose qui puisse mériter les aimables paroles
d'un tel remerciement ? Et que ne voudrait-on pas faire,
à quels services, à quels dangers ne serait-on pas ravi de
courir, pour s'attirer un seul moment des touchantes
douceurs d'une âme si reconnaissante ? » Tout le spectacle passe sans qu'il y donne aucune attention ; mais il
360 se plaint qu'il est trop court, parce qu'en finissant il le
sépare de son adorable bergère ; et, de cette première

vue, de ce premier moment, il emporte chez lui tout ce
qu'un amour de plusieurs années peut avoir de plus
violent. Le voilà aussitôt à sentir tous les maux de
l'absence, et il est tourmenté de ne plus voir ce qu'il a si
peu vu. Il fait tout ce qu'il peut pour se redonner cette
vue, dont il conserve nuit et jour une si chère idée ; mais
la grande contrainte où l'on tient sa bergère lui en ôte
tous les moyens. La violence de sa passion le fait résou-
370 dre à demander en mariage l'adorable beauté sans
laquelle il ne peut plus vivre, et il en obtient d'elle la
permission par un billet qu'il a l'adresse de lui faire
tenir. Mais dans le même temps on l'avertit que le père
de cette belle a conclu son mariage avec un autre, et que
tout se dispose pour en célébrer la cérémonie. Jugez
quelle atteinte cruelle au cœur de ce triste berger ! Le
voilà accablé d'une mortelle douleur. Il ne peut souffrir
l'effroyable idée de voir tout ce qu'il aime entre les bras
d'un autre, et son amour au désespoir lui fait trouver
380 moyen de s'introduire dans la maison de sa bergère pour
apprendre ses sentiments et savoir d'elle la destinée à
laquelle il doit se résoudre. Il y rencontre les apprêts de
tout ce qu'il craint ; il y voit venir l'indigne rival que le
caprice d'un père oppose aux tendresses de son amour.
Il le voit triomphant, ce rival ridicule, auprès de l'aimable bergère, ainsi qu'auprès d'une conquête qui lui est
assurée, et cette vue le remplit d'une colère dont il a
peine à se rendre maître. Il jette de douloureux regards
sur celle qu'il adore, et son respect et la présence de son
390 père l'empêchent de lui rien dire que des yeux. Mais
enfin il force toute contrainte, et le transport de son
amour l'oblige à lui parler ainsi :

(Il chante.)

> *Belle Philis, c'est trop, c'est trop souffrir ;*
> *Rompons ce dur silence, et m'ouvrez vos pensées.*
> *Apprenez-moi ma destinée :*
> *Faut-il vivre ? faut-il mourir ?*

ANGÉLIQUE, *répond en chantant.*
> *Vous me voyez, Tircis, triste et mélancolique*
> *Aux apprêts de l'hymen dont vous vous alarmez :*
> *Je lève au Ciel les yeux, je vous regarde, je soupire,*
> 400   *C'est vous en dire assez.*

ARGAN. Ouais ! je ne croyais pas que ma fille fût si habile que de chanter ainsi à livre ouvert sans hésiter.

CLÉANTE.
>   *Hélas ! belle Philis,*
> *Se pourrait-il que l'amoureux Tircis*
>   *Eût assez de bonheur*
> *Pour avoir quelque place dans votre cœur ?*

ANGÉLIQUE
> *Je ne m'en défends point dans cette peine extrême :*
>   *Oui, Tircis, je vous aime.*

CLÉANTE
>   *Ô parole pleine d'appas !*
> 410   *Ai-je bien entendu, hélas !*
> *Redites-la, Philis, que je n'en doute pas.*

ANGÉLIQUE
>   *Oui, Tircis, je vous aime.*

CLÉANTE
>   *De grâce, encor, Philis.*

ANGÉLIQUE
>   *Je vous aime.*

CLÉANTE
> *Recommencez cent fois, ne vous en lassez pas.*

ANGÉLIQUE
>   *Je vous aime, je vous aime ;*
>   *Oui, Tircis, je vous aime.*

CLÉANTE
> *Dieux, rois, qui sous vos pieds regardez tout le monde,*
> *Pouvez-vous comparer votre bonheur au mien ?*
> 420   *Mais, Philis, une pensée*

> *Vient troubler ce doux transport :*
> *Un rival, un rival...*

ANGÉLIQUE

> *Ah ! je le hais plus que la mort,*
> *Et sa présence, ainsi qu'à vous,*
> *M'est un cruel supplice.*

CLÉANTE

> *Mais un père à ses vœux vous veut assujettir.*

ANGÉLIQUE

> *Plutôt, plutôt mourir*
> *Que de jamais y consentir ;*
> 429 *Plutôt, plutôt mourir, plutôt mourir !*

ARGAN. Et que dit le père à tout cela ?

CLÉANTE. Il ne dit rien.

ARGAN. Voilà un sot père que ce père-là de souffrir toutes ces sottises-là sans rien dire !

CLÉANTE

> *Ah ! mon amour...*

ARGAN. Non, non, en voilà assez. Cette comédie-là est de fort mauvais exemple. Le berger Tircis est un impertinent, et la bergère Philis, une impudente de parler de la sorte devant son père. Montrez-moi ce papier. Ah ! ah ! Où sont donc les paroles que vous avez dites ? Il n'y a là 440 que de la musique écrite.

CLÉANTE. Est-ce que vous ne savez pas, Monsieur, qu'on a trouvé depuis peu l'invention d'écrire les paroles avec les notes mêmes ?

ARGAN. Fort bien. Je suis votre serviteur, Monsieur ; jusqu'au revoir. Nous nous serions bien passés de votre impertinent d'opéra.

CLÉANTE. J'ai cru vous divertir.

ARGAN. Les sottises ne divertissent point. Ah ! voici ma femme.

Scène 6

BÉLINE, ARGAN, TOINETTE, ANGÉLIQUE, MONSIEUR DIAFOIRUS, THOMAS DIAFOIRUS

ARGAN. M'amour, voilà le fils de monsieur Diafoirus.

THOMAS DIAFOIRUS, *commence un compliment qu'il* 452 *avait étudié, et la mémoire lui manquant, il ne peut continuer.* Madame, c'est avec justice que le Ciel vous a concédé le nom de belle-mère, puisque l'on voit sur votre visage...

BÉLINE. Monsieur, je suis ravie d'être venue ici à propos pour avoir l'honneur de vous voir.

THOMAS DIAFOIRUS. Puisque l'on voit sur votre visage... puisque l'on voit sur votre visage... Madame, vous 460 m'avez interrompu dans le milieu de ma période, et cela m'a troublé la mémoire.

MONSIEUR DIAFOIRUS. Thomas, réservez cela pour une autre fois.

ARGAN. Je voudrais, mamie, que vous eussiez été ici tantôt.

TOINETTE. Ah! Madame, vous avez bien perdu de n'avoir point été au second père, à la statue de Memnon et à la fleur nommée héliotrope.

ARGAN. Allons, ma fille, touchez dans la main de Mon- 470 sieur et lui donnez votre foi comme à votre mari.

ANGÉLIQUE. Mon père!

ARGAN. Hé bien, mon père! qu'est-ce que cela veut dire?

ANGÉLIQUE. De grâce, ne précipitez pas les choses. Donnez-nous au moins le temps de nous connaître et de voir naître en nous l'un pour l'autre cette inclination si nécessaire à composer une union parfaite.

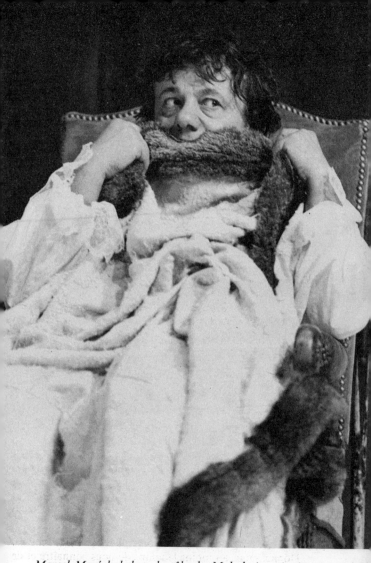

Marcel Maréchal dans le rôle du Malade imaginaire (1978).

THOMAS DIAFOIRUS. Quant à moi, Mademoiselle, elle
est déjà toute née en moi, et je n'ai pas besoin d'attendre
480 davantage.

ANGÉLIQUE. Si vous êtes si prompt, Monsieur, il n'en est
pas de même de moi, et je vous avoue que votre mérite
n'a pas encore fait assez d'impression dans mon âme.

ARGAN. Oh! bien, bien; cela aura tout le loisir de se faire
quand vous serez mariés ensemble.

ANGÉLIQUE. Hé! mon père, donnez-moi du temps, je
vous prie. Le mariage est une chaîne où l'on ne doit
jamais soumettre un cœur par force; et, si Monsieur est
honnête homme, il ne doit point vouloir accepter une
490 personne qui serait à lui par contrainte.

THOMAS DIAFOIRUS. *Nego consequentiam*[1], Mademoiselle, et je puis être honnête homme et vouloir bien vous
accepter des mains de monsieur votre père.

ANGÉLIQUE. C'est un méchant moyen de se faire aimer de
quelqu'un que de lui faire violence.

THOMAS DIAFOIRUS. Nous lisons des anciens, Mademoiselle, que leur coutume était d'enlever par force de la
maison des pères les filles qu'on menait marier, afin
qu'il ne semblât pas que ce fût de leur consentement
500 qu'elles convolaient dans les bras d'un homme.

ANGÉLIQUE. Les anciens, Monsieur, sont les anciens, et
nous sommes les gens de maintenant. Les grimaces ne
sont point nécessaires dans notre siècle, et, quand un
mariage nous plaît, nous savons fort bien y aller sans
qu'on nous y traîne. Donnez-vous patience; si vous
m'aimez, Monsieur, vous devez vouloir tout ce que je
veux.

THOMAS DIAFOIRUS. Oui, Mademoiselle, jusqu'aux intérêts de mon amour exclusivement.

ANGÉLIQUE. Mais la grande marque d'amour, c'est d'être
511 soumis aux volontés de celle qu'on aime.

THOMAS DIAFOIRUS. *Distinguo,* Mademoiselle : dans ce
qui ne regarde point sa possession, *concedo* ; mais dans
ce qui la regarde, *nego.*

TOINETTE. Vous avez beau raisonner. Monsieur est frais
émoulu du collège, et il vous donnera toujours votre
reste. Pourquoi tant résister et refuser la gloire d'être
attachée au corps de la Faculté ?

BÉLINE. Elle a peut-être quelque inclination en tête.

ANGÉLIQUE. Si j'en avais, Madame, elle serait telle que la
521 raison et l'honnêteté pourraient me la permettre.

ARGAN. Ouais ! je joue ici un plaisant personnage.

BÉLINE. Si j'étais que de vous, mon fils, je ne la forcerais
point à se marier, et je sais bien ce que je ferais.

ANGÉLIQUE. Je sais, Madame, ce que vous voulez dire, et
les bontés que vous avez pour moi ; mais peut-être que
vos conseils ne seront pas assez heureux pour être exé-
cutés.

BÉLINE. C'est que les filles bien sages et bien honnêtes
530 comme vous se moquent d'être obéissantes et soumises
aux volontés de leurs pères. Cela était bon autrefois.

ANGÉLIQUE. Le devoir d'une fille a des bornes, Madame,
et la raison et les lois ne l'étendent point à toutes sortes
de choses.

BÉLINE. C'est-à-dire que vos pensées ne sont que pour le
mariage ; mais vous voulez choisir un époux à votre
fantaisie.

ANGÉLIQUE. Si mon père ne veut pas me donner un mari
qui me plaise, je le conjurerai au moins de ne me point
540 forcer à en épouser un que je ne puisse aimer.

ARGAN. Messieurs, je vous demande pardon de tout
ceci.

ANGÉLIQUE. Chacun a son but en se mariant. Pour moi,
qui ne veux un mari que pour l'aimer véritablement, et

qui prétends en faire tout l'attachement de ma vie, je
vous avoue que j'y cherche quelque précaution. Il y en a
d'autres qui prennent des maris seulement pour se tirer
de la contrainte de leurs parents et se mettre en état de
faire tout ce qu'elles voudront. Il y en a d'autres, Mada-
550 me, qui font du mariage un commerce de pur intérêt ;
qui ne se marient que pour gagner des douaires, que
pour s'enrichir par la mort de ceux qu'elles épousent,
et courent sans scrupule de mari en mari pour s'approprier leurs dépouilles. Ces personnes-là, à la vérité, n'y
cherchent pas tant de façons et regardent peu à la
personne.

BÉLINE. Je vous trouve aujourd'hui bien raisonnante, et je
voudrais bien savoir ce que vous voulez dire par là.

ANGÉLIQUE. Moi, Madame, que voudrais-je dire que ce
560 que je dis ?

BÉLINE. Vous êtes si sotte, ma mie, qu'on ne saurait plus
vous souffrir.

ANGÉLIQUE. Vous voudriez bien, Madame, m'obliger à
vous répondre quelque impertinence, mais je vous aver-
tis que vous n'aurez pas cet avantage.

BÉLINE. Il n'est rien d'égal à votre insolence.

ANGÉLIQUE. Non, Madame, vous avez beau dire.

BÉLINE. Et vous avez un ridicule orgueil, une impertinente
présomption qui fait hausser les épaules à tout le monde.

ANGÉLIQUE. Tout cela, Madame, ne servira de rien, je
571 serai sage en dépit de vous, et, pour vous ôter l'espérance de pouvoir réussir dans ce que vous voulez, je
vais m'ôter de votre vue.

ARGAN. Écoute, il n'y a point de milieu à cela. Choisis
d'épouser dans quatre jours ou Monsieur ou un couvent.
(A Béline.) Ne vous mettez pas en peine, je la rangerai
bien.

BÉLINE. Je suis fâchée de vous quitter, mon fils ; mais j'ai

une affaire en ville dont je ne puis me dispenser. Je
580 reviendrai bientôt.

ARGAN. Allez, m'amour, et passez chez votre notaire, afin
qu'il expédie ce que vous savez.

BÉLINE. Adieu, mon petit ami.

ARGAN. Adieu, mamie. Voilà une femme qui m'aime...
cela n'est pas croyable.

MONSIEUR DIAFOIRUS. Nous allons, Monsieur, prendre
congé de vous.

ARGAN. Je vous prie, Monsieur, de me dire un peu comment je suis.

MONSIEUR DIAFOIRUS, *lui tâte le pouls.* Allons, Thomas,
591 prenez l'autre bras de Monsieur, pour voir si vous sau-
rez porter un bon jugement de son pouls. *Quid dicis ?*

THOMAS DIAFOIRUS. *Dico* que le pouls de Monsieur est
le pouls d'un homme qui ne se porte point bien.

MONSIEUR DIAFOIRUS. Bon.

THOMAS DIAFOIRUS. Qu'il est duriuscule, pour ne pas
dire dur.

MONSIEUR DIAFOIRUS. Fort bien.

THOMAS DIAFOIRUS. Repoussant.

MONSIEUR DIAFOIRUS. *Bene.*

THOMAS DIAFOIRUS. Et même un peu caprisant.

MONSIEUR DIAFOIRUS. *Optime.*

THOMAS DIAFOIRUS. Ce qui marque une intempérie dans
604 le parenchyme splénique, c'est-à-dire la rate.

MONSIEUR DIAFOIRUS. Fort bien.

ARGAN. Non ; monsieur Purgon dit que c'est mon foie qui
est malade.

MONSIEUR DIAFOIRUS. Eh ! oui ; qui dit *parenchyme* dit
l'un et l'autre, à cause de l'étroite sympathie qu'ils ont
610 ensemble, par le moyen du *vas breve* du *pylore*, et sou-

vent des *méats cholidoques*. Il vous ordonne sans doute de manger force rôti ?

ARGAN. Non, rien que du bouilli.

MONSIEUR DIAFOIRUS. Eh ! oui ; rôti, bouilli, même chose. Il vous ordonne fort prudemment, et vous ne pouvez être en de meilleures mains.

ARGAN. Monsieur, combien est-ce qu'il faut mettre de grains de sel dans un œuf ?

MONSIEUR DIAFOIRUS. Six, huit, dix, par les nombres
620 pairs, comme dans les médicaments par les nombres impairs.

ARGAN. Jusqu'au revoir, Monsieur.

Scène 7
BÉLINE, ARGAN

BÉLINE. Je viens, mon fils, avant de sortir, vous donner avis d'une chose à laquelle il faut que vous preniez garde. En passant par devant la chambre d'Angélique, j'ai vu un jeune homme avec elle, qui s'est sauvé d'abord qu'il m'a vue.

ARGAN. Un jeune homme avec ma fille !

BÉLINE. Oui. Votre petite fille Louison était avec eux,
630 qui pourra vous en dire des nouvelles.

ARGAN. Envoyez-la ici, m'amour, envoyez-la ici. Ah ! l'effrontée ! Je ne m'étonne plus de sa résistance.

Scène 8

LOUISON, ARGAN

LOUISON. Qu'est-ce que vous voulez, mon papa? Ma belle-maman m'a dit que vous me demandez.

ARGAN. Oui. Venez çà. Avancez là. Tournez-vous. Levez les yeux. Regardez-moi. Eh!

LOUISON. Quoi, mon papa?

ARGAN. Là?

LOUISON. Quoi?

ARGAN. N'avez-vous rien à me dire?

LOUISON. Je vous dirai, si vous voulez, pour vous désen-
642 nuyer, le conte de *Peau d'âne* ou bien la fable du *Corbeau et du Renard*, qu'on m'a apprise depuis peu[1].

ARGAN. Ce n'est pas là ce que je vous demande.

LOUISON. Quoi donc?

ARGAN. Ah! rusée, vous savez bien ce que je veux dire.

LOUISON. Pardonnez-moi, mon papa.

ARGAN. Est-ce là comme vous m'obéissez?

LOUISON. Quoi?

ARGAN. Ne vous ai-je pas recommandé de me venir dire
651 d'abord tout ce que vous voyez?

LOUISON. Oui, mon papa.

ARGAN. L'avez-vous fait?

LOUISON. Oui, mon papa. Je vous suis venue dire tout ce que j'ai vu.

ARGAN. Et n'avez-vous rien vu aujourd'hui?

LOUISON. Non, mon papa.

ARGAN. Non?

LOUISON. Non, mon papa.

ARGAN. Assurément ?

LOUISON. Assurément.

ARGAN. Oh ! çà, je m'en vais vous faire voir quelque
663 chose, moi.

Il va prendre une poignée de verges.

LOUISON. Ah ! mon papa !

ARGAN. Ah ! ah ! petite masque, vous ne me dites pas que
vous avez vu un homme dans la chambre de votre
sœur ?

LOUISON. Mon papa !

ARGAN. Voici qui vous apprendra à mentir.

LOUISON, *se jette à genoux.* Ah ! mon papa, je vous
671 demande pardon. C'est que ma sœur m'avait dit de ne
pas vous le dire, et je m'en vais vous dire tout.

ARGAN. Il faut premièrement que vous ayez le fouet pour
avoir menti. Puis après nous verrons au reste.

LOUISON. Pardon, mon papa.

ARGAN. Non, non.

LOUISON. Mon pauvre papa, ne me donnez pas le fouet.

ARGAN. Vous l'aurez.

LOUISON. Au nom de Dieu, mon papa, que je ne l'aie
pas.

ARGAN, *la prenant pour la fouetter.* Allons, allons.

LOUISON. Ah ! mon papa, vous m'avez blessée. Attendez,
682 je suis morte.

Elle contrefait la morte.

ARGAN. Holà ! Qu'est-ce là ? Louison, Louison ! Ah ! mon
Dieu ! Louison ! Ah ! ma fille ! Ah ! malheureux, ma
pauvre fille est morte. Qu'ai-je fait, misérable ? Ah !
chiennes de verges ! La peste soit des verges ! Ah ! ma
pauvre fille, ma pauvre petite Louison.

LOUISON. Là, là, mon papa, ne pleurez point tant ; je ne
suis pas morte tout à fait.

ARGAN. Voyez-vous la petite rusée ! Oh ! çà, çà, je vous
691 pardonne pour cette fois-ci, pourvu que vous me disiez
bien tout.

LOUISON. Oh ! oui, mon papa.

ARGAN. Prenez-y bien garde au moins, car voilà un petit
doigt, qui sait tout, qui me dira si vous mentez.

LOUISON. Mais, mon papa, ne dites pas à ma sœur que je
vous l'ai dit.

ARGAN. Non, non.

LOUISON. C'est, mon papa, qu'il est venu un homme dans
700 la chambre de ma sœur comme j'y étais.

ARGAN. Hé bien ?

LOUISON. Je lui ai demandé ce qu'il demandait, et il m'a
dit qu'il était son maître à chanter.

ARGAN. Hom, hom ! Voilà l'affaire. Hé bien ?

LOUISON. Ma sœur est venue après.

ARGAN. Hé bien ?

LOUISON. Elle lui a dit : « Sortez, sortez, sortez ! Mon
708 Dieu, sortez, vous me mettez au désespoir. »

ARGAN. Hé bien ?

LOUISON. Et lui, il ne voulait pas sortir.

ARGAN. Qu'est-ce qu'il lui disait ?

LOUISON. Il lui disait je ne sais combien de choses.

ARGAN. Et quoi encore ?

LOUISON. Il lui disait tout ci, tout çà, qu'il l'aimait bien, et
qu'elle était la plus belle du monde.

ARGAN. Et puis après ?

LOUISON. Et puis après il se mettait à genoux devant
718 elle.

ARGAN. Et puis après ?

LOUISON. Et puis après, il lui baisait les mains.

ARGAN. Et puis après ?

LOUISON. Et puis après, ma belle-maman est venue à la porte, et il s'est enfui.

ARGAN. Il n'y a point autre chose ?

LOUISON. Non, mon papa.

ARGAN. Voilà mon petit doigt pourtant qui gronde quelque chose. *(Il met son doigt à son oreille.)* Attendez. Eh ! Ah ! ah ! Oui ? Oh ! oh ! voilà mon petit doigt qui me dit quelque chose que vous avez vu, et que vous ne m'avez 730 pas dit.

LOUISON. Ah ! mon papa, votre petit doigt est un menteur.

ARGAN. Prenez garde.

LOUISON. Non, mon papa, ne le croyez pas ; il ment, je vous assure.

ARGAN. Oh bien, bien, nous verrons cela. Allez-vous-en, et prenez bien garde à tout ; allez. Ah ! il n'y a plus d'enfants. Ah ! que d'affaires ! je n'ai pas seulement le loisir de songer à ma maladie. En vérité, je n'en puis plus.

Il se remet dans sa chaise.

Scène 9

BÉRALDE, ARGAN

BÉRALDE. Hé bien, mon frère, qu'est-ce ? Comment vous 741 portez-vous ?

ARGAN. Ah ! mon frère, fort mal.

BÉRALDE. Comment, fort mal ?

ARGAN. Oui, je suis dans une faiblesse si grande que cela n'est pas croyable.

BÉRALDE. Voilà qui est fâcheux.

ARGAN. Je n'ai pas seulement la force de pouvoir parler.

BÉRALDE. J'étais venu ici, mon frère, vous proposer un
750 parti pour ma nièce Angélique.

ARGAN, *parlant avec emportement, et se levant de sa*
chaise. Mon frère, ne me parlez point de cette coquine-
là. C'est une friponne, une impertinente, une effrontée,
que je mettrai dans un couvent avant qu'il soit deux
jours.

BÉRALDE. Ah ! voilà qui est bien. Je suis bien aise que la
force vous revienne un peu et que ma visite vous fasse
du bien. Oh çà ! nous parlerons d'affaires tantôt. Je vous
amène ici un divertissement que j'ai rencontré, qui dis-
760 sipera votre chagrin et vous rendra l'âme mieux dispo-
sée aux choses que nous avons à dire. Ce sont des Égyptiens vêtus en Mores[1] qui font des danses mêlées de
chansons où je suis sûr que vous prendrez plaisir, et cela
vaudra bien une ordonnance de monsieur Purgon.
Allons.

Deuxième intermède

Le frère du Malade imaginaire lui amène, pour le divertir, plusieurs Égyptiens et Égyptiennes vêtus en Mores, qui font des danses entremêlées de chansons.

PREMIÈRE FEMME MORE

>   *Profitez du printemps*
>   *De vos beaux ans,*
>   *Aimable jeunesse ;*
>   *Profitez du printemps*
>   *De vos beaux ans,*
>   *Donnez-vous à la tendresse.*

>   *Les plaisirs les plus charmants,*
>   *Sans l'amoureuse flamme,*
>   *Pour contenter une âme*
> 10 *N'ont point d'attraits assez puissants.*

>   *Profitez du printemps*
>   *De vos beaux ans,*
>   *Aimable jeunesse ;*
>   *Profitez du printemps*
>   *De vos beaux ans,*
>   *Donnez-vous à la tendresse.*

>   *Ne perdez point ces précieux moments ;*
>   *La beauté passe,*
>   *Le temps l'efface,*
> 20   *L'âge de glace*

> *Vient à sa place,*
> *Qui nous ôte le goût de ces doux passe-temps.*

> *Profitez du printemps*
> *De vos beaux ans,*
> *Aimable jeunesse ;*
> *Profitez du printemps*
> *De vos beaux ans,*
> *Donnez-vous à la tendresse.*

SECONDE FEMME MORE.

> *Quand d'aimer on nous presse,*
> 30 *A quoi songez-vous ?*
> *Nos cœurs dans la jeunesse*
> *N'ont vers la tendresse*
> *Qu'un penchant trop doux.*
> *L'amour a, pour nous prendre,*
> *De si doux attraits*
> *Que de soi, sans attendre,*
> *On voudrait se rendre*
> *A ses premiers traits ;*
> *Mais tout ce qu'on écoute*
> 40 *Des vives douleurs*
> *Et des pleurs qu'il nous coûte*
> *Fait qu'on en redoute*
> *Toutes les douceurs.*

TROISIÈME FEMME MORE

> *Il est doux, à notre âge,*
> *D'aimer tendrement*
> *Un amant*
> *Qui s'engage ;*
> *Mais, s'il est volage,*
> *Hélas ! quel tourment !*

QUATRIÈME FEMME MORE

> 50 *L'amant qui se dégage*
> *N'est pas le malheur ;*
> *La douleur*

> Et la rage,
> C'est que le volage
> Garde notre cœur.

SECONDE FEMME MORE

> Quel parti faut-il prendre
> Pour nos jeunes cœurs ?

QUATRIÈME FEMME MORE

> Devons-nous nous y rendre
> Malgré ses rigueurs ?

ENSEMBLE

60
> Oui, suivons ses ardeurs,
> Ses transports, ses caprices,
> Ses douces langueurs ;
> S'il a quelques supplices,
> Il a cent délices
> Qui charment les cœurs.

ENTRÉE DE BALLET

Tous les Mores dansent ensemble et font sauter des singes qu'ils ont amenés avec eux.

Acte III

Scène 1

BÉRALDE, ARGAN, TOINETTE

BÉRALDE. Hé bien ! mon frère, qu'en dites-vous ? Cela ne vaut-il pas une prise de casse ?

TOINETTE. Hom ! de bonne casse est bonne.

BÉRALDE. Oh çà, voulez-vous que nous parlions un peu ensemble ?

ARGAN. Un peu de patience, mon frère, je vais revenir.

TOINETTE. Tenez, Monsieur, vous ne songez pas que vous ne sauriez marcher sans bâton.

ARGAN. Tu as raison.

Scène 2

BÉRALDE, TOINETTE

TOINETTE. N'abandonnez pas, s'il vous plaît, les intérêts de votre nièce.

BÉRALDE. J'emploierai toutes choses pour lui obtenir ce qu'elle souhaite.

TOINETTE. Il faut absolument empêcher ce mariage extravagant qu'il s'est mis dans la fantaisie, et j'avais songé en moi-même que ç'aurait été une bonne affaire de pou-

voir introduire ici un médecin à notre poste pour le
dégoûter de son monsieur Purgon et lui décrier sa con-
duite. Mais, comme nous n'avons personne en main
20 pour cela, j'ai résolu de jouer un tour de ma tête.

BÉRALDE. Comment ?

TOINETTE. C'est une imagination burlesque. Cela sera
peut-être plus heureux que sage. Laissez-moi faire ; agis-
sez de votre côté. Voici notre homme.

Scène 3
ARGAN, BÉRALDE

BÉRALDE. Vous voulez bien, mon frère, que je vous
demande, avant toute chose, de ne vous point échauffer
l'esprit dans notre conversation.

ARGAN. Voilà qui est fait.

BÉRALDE. De répondre sans nulle aigreur aux choses que je
30 pourrai vous dire.

ARGAN. Oui.

BÉRALDE. Et de raisonner ensemble, sur les affaires dont
nous avons à parler, avec un esprit détaché de toute
passion.

ARGAN. Mon Dieu, oui. Voilà bien du préambule.

BÉRALDE. D'où vient, mon frère, qu'ayant le bien que
vous avez, et n'ayant d'enfants qu'une fille, car je ne
compte pas la petite, d'où vient, dis-je, que vous parlez
de la mettre dans un couvent ?

ARGAN. D'où vient, mon frère, que je suis maître dans ma
41 famille pour faire ce que bon me semble ?

BÉRALDE. Votre femme ne manque pas de vous conseiller
de vous défaire ainsi de vos deux filles, et je ne doute

point que, par un esprit de charité, elle ne fût ravie de les voir toutes deux bonnes religieuses.

ARGAN. Oh çà, nous y voici. Voilà d'abord la pauvre femme en jeu. C'est elle qui fait tout le mal, et tout le monde lui en veut.

BÉRALDE. Non, mon frère ; laissons-la là : c'est une
50 femme qui a les meilleures intentions du monde pour votre famille, et qui est détachée de toute sorte d'inté-rêt ; qui a pour vous une tendresse merveilleuse, et qui montre pour vos enfants une affection et une bonté qui n'est pas concevable ; cela est certain. N'en parlons point, et revenons à votre fille. Sur quelle pensée, mon frère, la voulez-vous donner en mariage au fils d'un médecin ?

ARGAN. Sur la pensée, mon frère, de me donner un gendre tel qu'il me faut.

BÉRALDE. Ce n'est point là, mon frère, le fait de votre fille,
61 et il se présente un parti plus sortable pour elle.

ARGAN. Oui ; mais celui-ci, mon frère, est plus sortable pour moi.

BÉRALDE. Mais le mari qu'elle doit prendre doit-il être, mon frère, ou pour elle, ou pour vous ?

ARGAN. Il doit être, mon frère, et pour elle et pour moi, et je veux mettre dans ma famille les gens dont j'ai besoin.

BÉRALDE. Par cette raison-là, si votre petite était grande,
70 vous lui donneriez en mariage un apothicaire.

ARGAN. Pourquoi non ?

BÉRALDE. Est-il possible que vous serez toujours embé-guiné de vos apothicaires et de vos médecins, et que vous vouliez être malade en dépit des gens et de la nature ?

ARGAN. Comment l'entendez-vous, mon frère ?

BÉRALDE. J'entends, mon frère, que je ne vois point d'homme qui soit moins malade que vous, et que je ne demanderais point une meilleure constitution que la
80 vôtre. Une grande marque que vous vous portez bien, et que vous avez un corps parfaitement bien composé, c'est qu'avec tous les soins que vous avez pris, vous n'avez pu parvenir encore à gâter la bonté de votre tempérament, et que vous n'êtes point crevé de toutes les médecines qu'on vous a fait prendre.

ARGAN. Mais savez-vous, mon frère, que c'est cela qui me conserve, et que monsieur Purgon dit que je succomberais s'il était seulement trois jours sans prendre soin de moi ?

BÉRALDE. Si vous n'y prenez garde, il prendra tant de soin
91 qu'il vous enverra en l'autre monde.

ARGAN. Mais raisonnons un peu, mon frère. Vous ne croyez donc point à la médecine ?

BÉRALDE. Non, mon frère, et je ne vois pas que pour son salut il soit nécessaire d'y croire.

ARGAN. Quoi ! vous ne tenez pas véritable une chose établie par tout le monde, et que tous les siècles ont révérée ?

BÉRALDE. Bien loin de la tenir véritable, je la trouve, entre
100 nous, une des plus grandes folies qui soit parmi les hommes, et, à regarder les choses en philosophe, je ne vois point de plus plaisante mômerie, je ne vois rien de plus ridicule qu'un homme qui se veut mêler d'en guérir un autre.

ARGAN. Pourquoi ne voulez-vous pas, mon frère, qu'un homme en puisse guérir un autre ?

BÉRALDE. Par la raison, mon frère, que les ressorts de notre machine sont des mystères, jusques ici, où les hommes ne voient goutte, et que la nature nous a mis

110 au-devant des yeux des voiles trop épais pour y connaître quelque chose.

ARGAN. Les médecins ne savent donc rien, à votre
compte ?

BÉRALDE. Si fait, mon frère. Ils savent la plupart de fort
belles humanités, savent parler en beau latin, savent
nommer en grec toutes les maladies, les définir et les
diviser, mais, pour ce qui est de les guérir, c'est ce qu'ils
ne savent point du tout.

ARGAN. Mais toujours faut-il demeurer d'accord que sur
120 cette matière les médecins en savent plus que les
autres.

BÉRALDE. Ils savent, mon frère, ce que je vous ai dit, qui
ne guérit pas de grand-chose, et toute l'excellence de leur
art consiste en un pompeux galimatias, en un spécieux
babil, qui vous donne des mots pour des raisons et des
promesses pour des effets.

ARGAN. Mais enfin, mon frère, il y a des gens aussi sages et
aussi habiles que vous ; et nous voyons que dans la
maladie tout le monde a recours aux médecins.

BÉRALDE. C'est une marque de la faiblesse humaine, et
131 non pas de la vérité de leur art.

ARGAN. Mais il faut bien que les médecins croient leur art
véritable, puisqu'ils s'en servent pour eux-mêmes.

BÉRALDE. C'est qu'il y en a parmi eux qui sont eux-mêmes
dans l'erreur populaire, dont ils profitent, et d'autres qui
en profitent sans y être. Votre monsieur Purgon, par
exemple, n'y sait point de finesse ; c'est un homme tout
médecin, depuis la tête jusqu'aux pieds ; un homme qui
croit à ses règles plus qu'à toutes les démonstrations des
140 mathématiques, et qui croirait du crime à les vouloir
examiner ; qui ne voit rien d'obscur dans la médecine,
rien de douteux, rien de difficile, et qui, avec une impé-
tuosité de prévention, une raideur de confiance, une

brutalité de sens commun et de raison, donne au travers des purgations et des saignées, et ne balance aucune chose. Il ne lui faut point vouloir mal de tout ce qu'il pourra vous faire ; c'est de la meilleure foi du monde qu'il vous expédiera, et il ne fera, en vous tuant, que ce qu'il fait à sa femme et à ses enfants, et ce qu'en un 150 besoin il ferait à lui-même.

ARGAN. C'est que vous avez, mon frère, une dent de lait contre lui. Mais, enfin, venons au fait. Que faire donc quand on est malade ?

BÉRALDE. Rien, mon frère.

ARGAN. Rien ?

BÉRALDE. Rien. Il ne faut que demeurer en repos. La nature, d'elle-même, quand nous la laissons faire, se tire doucement du désordre où elle est tombée. C'est notre inquiétude, c'est notre impatience qui gâte tout, et pres-160 que tous les hommes meurent de leurs remèdes, et non pas de leurs maladies.

ARGAN. Mais il faut demeurer d'accord, mon frère, qu'on peut aider cette nature par de certaines choses.

BÉRALDE. Mon Dieu, mon frère, ce sont pures idées dont nous aimons à nous repaître, et de tout temps il s'est glissé parmi les hommes de belles imaginations que nous venons à croire, parce qu'elles nous flattent, et qu'il serait à souhaiter qu'elles fussent véritables. Lors-qu'un médecin vous parle d'aider, de secourir, de sou-170 lager la nature, de lui ôter ce qui lui nuit et lui donner ce qui lui manque, de la rétablir et de la remettre dans une pleine facilité de ses fonctions, lorsqu'il vous parle de rectifier le sang, de tempérer les entrailles et le cerveau, de dégonfler la rate, de raccommoder la poitrine, de réparer le foie, de fortifier le cœur, de rétablir et conser-ver la chaleur naturelle, et d'avoir des secrets pour éten-dre la vie à de longues années, il vous dit justement le roman de la médecine. Mais, quand vous venez à la

vérité et à l'expérience, vous ne trouvez rien de tout
180 cela, et il en est comme de ces beaux songes qui ne vous
laissent au réveil que le déplaisir de les avoir crus.

ARGAN. C'est-à-dire que toute la science du monde est
renfermée dans votre tête, et vous voulez en savoir plus
que tous les grands médecins de notre siècle.

BÉRALDE. Dans les discours et dans les choses, ce sont
deux sortes de personnes que vos grands médecins :
entendez-les parler, les plus habiles du monde ; voyez-
les faire, les plus ignorants de tous les hommes.

ARGAN. Ouais ! Vous êtes un grand docteur, à ce que je
190 vois, et je voudrais bien qu'il y eût ici quelqu'un de ces
messieurs pour rembarrer vos raisonnements et rabais-
ser votre caquet.

BÉRALDE. Moi, mon frère, je ne prends point à tâche de
combattre la médecine, et chacun, à ses périls et fortune,
peut croire tout ce qu'il lui plaît. Ce que j'en dis n'est
qu'entre nous, et j'aurais souhaité de pouvoir un peu
vous tirer de l'erreur où vous êtes, et, pour vous divertir, vous mener voir, sur ce chapitre, quelqu'une des
comédies de Molière.

ARGAN. C'est un bon impertinent que votre Molière[1] avec
201 ses comédies, et je le trouve bien plaisant d'aller jouer
d'honnêtes gens comme les médecins.

BÉRALDE. Ce ne sont point les médecins qu'il joue, mais le
ridicule de la médecine.

ARGAN. C'est bien à lui de se mêler de contrôler la médecine ! Voilà un bon nigaud, un bon impertinent, de se
moquer des consultations et des ordonnances, de s'atta-
quer au corps des médecins, et d'aller mettre sur son
théâtre des personnes vénérables comme ces messieurs-
210 là.

BÉRALDE. Que voulez-vous qu'il y mette, que les diverses
professions des hommes ? On y met bien tous les jours

les princes et les rois, qui sont d'aussi bonne maison que les médecins.

ARGAN. Par la mort non de diable ! si j'étais que des médecins, je me vengerais de son impertinence, et, quand il sera malade, je le laisserais mourir sans secours. Il aurait beau faire et beau dire, je ne lui ordonnerais pas la moindre petite saignée, le moindre petit lavement, et je 220 lui dirais : « Crève, crève, cela t'apprendra une autre fois à te jouer à la Faculté. »

BÉRALDE. Vous voilà bien en colère contre lui.

ARGAN. Oui, c'est un malavisé, et, si les médecins sont sages, ils feront ce que je dis.

BÉRALDE. Il sera encore plus sage que vos médecins, car il ne leur demandera point de secours.

ARGAN. Tant pis pour lui, s'il n'a point recours aux remèdes.

BÉRALDE. Il a ses raisons pour n'en point vouloir, et il 230 soutient que cela n'est permis qu'aux gens vigoureux et robustes et qui ont des forces de reste pour porter les remèdes avec la maladie ; mais que, pour lui, il n'a justement de la force que pour porter son mal.

ARGAN. Les sottes raisons que voilà ! Tenez, mon frère, ne parlons point de cet homme-là davantage, car cela m'échauffe la bile, et vous me donneriez mon mal.

BÉRALDE. Je le veux bien, mon frère, et, pour changer de discours, je vous dirai que, sur une petite répugnance que vous témoigne votre fille, vous ne devez point pren- 240 dre les résolutions violentes de la mettre dans un couvent ; que, pour le choix d'un gendre, il ne vous faut pas suivre aveuglément la passion qui vous emporte, et qu'on doit, sur cette matière, s'accommoder un peu à l'inclination d'une fille, puisque c'est pour toute la vie, et que de là dépend tout le bonheur d'un mariage.

Scène 4

MONSIEUR FLEURANT, *une seringue à la main,*
ARGAN, BÉRALDE

ARGAN. Ah ! mon frère, avec votre permission.

BÉRALDE. Comment ! que voulez-vous faire ?

ARGAN. Prendre ce petit lavement-là, ce sera bientôt
fait.

BÉRALDE. Vous vous moquez. Est-ce que vous ne sauriez
251 être un moment sans lavement ou sans médecine ?
Remettez cela à une autre fois, et demeurez un peu en
repos.

ARGAN. Monsieur Fleurant, à ce soir ou à demain au
matin.

MONSIEUR FLEURANT, *à Béralde.* De quoi vous mêlez-
vous de vous opposer aux ordonnances de la médecine
et d'empêcher Monsieur de prendre mon clystère ? Vous
êtes bien plaisant d'avoir cette hardiesse-là !

BÉRALDE. Allez, Monsieur ; on voit bien que vous n'avez
261 pas accoutumé de parler à des visages.

MONSIEUR FLEURANT. On ne doit point ainsi se jouer
des remèdes et me faire perdre mon temps. Je ne suis
venu ici que sur une bonne ordonnance, et je vais dire à
monsieur Purgon comme on m'a empêché d'exécuter ses
ordres et de faire ma fonction. Vous verrez, vous verrez...

ARGAN. Mon frère, vous serez cause ici de quelque malheur.

BÉRALDE. Le grand malheur de ne pas prendre un lave-
271 ment que monsieur Purgon a ordonné ! Encore un coup,
mon frère, est-il possible qu'il n'y ait pas moyen de vous
guérir de la maladie des médecins, et que vous vouliez
être toute votre vie enseveli dans leurs remèdes ?

ARGAN. Mon Dieu, mon frère, vous en parlez comme un homme qui se porte bien ; mais, si vous étiez à ma place, vous changeriez bien de langage. Il est aisé de parler contre la médecine quand on est en pleine santé.

BÉRALDE. Mais quel mal avez-vous ?

ARGAN. Vous me feriez enrager. Je voudrais que vous 282 l'eussiez, mon mal, pour voir si vous jaseriez tant. Ah ! voici monsieur Purgon.

Scène 5
MONSIEUR PURGON, ARGAN, BÉRALDE, TOINETTE

MONSIEUR PURGON. Je viens d'apprendre là-bas, à la porte, de jolies nouvelles : qu'on se moque ici de mes ordonnances, et qu'on a fait refus de prendre le remède que j'avais prescrit.

ARGAN. Monsieur, ce n'est pas...

MONSIEUR PURGON. Voilà une hardiesse bien grande, 290 une étrange rébellion d'un malade contre son médecin.

TOINETTE. Cela est épouvantable.

MONSIEUR PURGON. Un clystère que j'avais pris plaisir à composer moi-même.

ARGAN. Ce n'est pas moi.

MONSIEUR PURGON. Inventé et formé dans toutes les règles de l'art.

TOINETTE. Il a tort.

MONSIEUR PURGON. Et qui devait faire dans les entrail- 300 les un effet merveilleux.

ARGAN. Mon frère...

MONSIEUR PURGON. Le renvoyer avec mépris !

ARGAN. C'est lui...

MONSIEUR PURGON. C'est une action exorbitante.

TOINETTE. Cela est vrai.

MONSIEUR PURGON. Un attentat énorme contre la médecine.

ARGAN. Il est cause...

MONSIEUR PURGON. Un crime de lèse-Faculté qui ne se
310 peut assez punir.

TOINETTE. Vous avez raison.

MONSIEUR PURGON. Je vous déclare que je romps commerce avec vous.

ARGAN. C'est mon frère...

MONSIEUR PURGON. Que je ne veux plus d'alliance avec
vous.

TOINETTE. Vous ferez bien.

MONSIEUR PURGON. Et que, pour finir toute liaison avec
vous, voilà la donation que je faisais à mon neveu en
320 faveur du mariage.

Il déchire violemment la donation.

ARGAN. C'est mon frère qui a fait tout le mal.

MONSIEUR PURGON. Mépriser mon clystère !

ARGAN. Faites-le venir, je m'en vais le prendre.

MONSIEUR PURGON. Je vous aurais tiré d'affaire avant
qu'il fût peu.

TOINETTE. Il ne le mérite pas.

MONSIEUR PURGON. J'allais nettoyer votre corps et en
évacuer entièrement les mauvaises humeurs.

ARGAN. Ah ! mon frère !

MONSIEUR PURGON. Et je ne voulais qu'une douzaine de
331 médecines pour vider le fond du sac.

TOINETTE. Il est indigne de vos soins.

MONSIEUR PURGON. Mais, puisque vous n'avez pas
voulu guérir par mes mains...

ARGAN. Ce n'est pas ma faute.

MONSIEUR PURGON. Puisque vous vous êtes soustrait de
l'obéissance que l'on doit à son médecin...

TOINETTE. Cela crie vengeance.

MONSIEUR PURGON. Puisque vous vous êtes déclaré
340 rebelle aux remèdes que je vous ordonnais...

ARGAN. Hé! point du tout.

MONSIEUR PURGON. J'ai à vous dire que je vous abandonne à votre mauvaise constitution, à l'intempérie de
vos entrailles, à la corruption de votre sang, à l'âcreté de
votre bile et à la féculence de vos humeurs.

TOINETTE. C'est fort bien fait.

ARGAN. Mon Dieu!

MONSIEUR PURGON. Et je veux qu'avant qu'il soit quatre
jours vous deveniez dans un état incurable.

ARGAN. Ah! miséricorde!

MONSIEUR PURGON. Que vous tombiez dans la brady-
352 pepsie.

ARGAN. Monsieur Purgon!

MONSIEUR PURGON. De la bradypepsie dans la dyspepsie.

ARGAN. Monsieur Purgon!

MONSIEUR PURGON. De la dyspepsie dans l'apepsie.

ARGAN. Monsieur Purgon!

MONSIEUR PURGON. De l'apepsie dans la lienterie.

ARGAN. Monsieur Purgon!

MONSIEUR PURGON. De la lienterie dans la dysenterie.

ARGAN. Monsieur Purgon !

MONSIEUR PURGON. De la dysenterie dans l'hydro-
364 pisie.

ARGAN. Monsieur Purgon !

MONSIEUR PURGON. Et de l'hydropisie dans la privation
de la vie, où vous aura conduit votre folie.

Scène 6
ARGAN, BÉRALDE

ARGAN. Ah ! mon Dieu, je suis mort. Mon frère, vous
m'avez perdu.

BÉRALDE. Quoi ? qu'y a-t-il ?

ARGAN. Je n'en puis plus. Je sens déjà que la médecine se
372 venge.

BÉRALDE. Ma foi, mon frère, vous êtes fou, et je ne voudrais pas, pour beaucoup de choses, qu'on vous vît faire
ce que vous faites. Tâtez-vous un peu, je vous prie ;
revenez à vous-même et ne donnez point tant à votre
imagination.

ARGAN. Vous voyez, mon frère, les étranges maladies dont
il m'a menacé.

BÉRALDE. Le simple homme que vous êtes !

ARGAN. Il dit que je deviendrai incurable avant qu'il soit
382 quatre jours.

BÉRALDE. Et ce qu'il dit, que fait-il à la chose ? Est-ce un
oracle qui a parlé ? Il semble, à vous entendre, que
monsieur Purgon tienne dans ses mains le filet[1] de' vos
jours, et que, d'autorité suprême, il vous l'allonge et
vous le raccourcisse comme il lui plaît. Songez que les

principes de votre vie sont en vous-même, et que le
courroux de monsieur Purgon est aussi peu capable de
390 vous faire mourir que ses remèdes de vous faire vivre.
Voici une aventure, si vous voulez, à vous défaire des
médecins ; ou, si vous êtes né à ne pouvoir vous en
passer, il est aisé d'en avoir un autre avec lequel, mon
frère, vous puissiez courir un peu moins de risque.

ARGAN. Ah ! mon frère, il sait tout mon tempérament et la
manière dont il faut me gouverner.

BÉRALDE. Il faut vous avouer que vous êtes un homme
d'une grande prévention, et que vous voyez les choses
avec d'étranges yeux.

Scène 7

TOINETTE, ARGAN, BÉRALDE

TOINETTE. Monsieur, voilà un médecin qui demande à
401 vous voir.

ARGAN. Et quel médecin ?

TOINETTE. Un médecin de la médecine.

ARGAN. Je te demande qui il est.

TOINETTE. Je ne le connais pas ; mais il me ressemble
comme deux gouttes d'eau, et, si je n'étais sûre que ma
mère était honnête femme, je dirais que ce serait quelque petit frère qu'elle m'aurait donné depuis le trépas de
mon père.

ARGAN. Fais-le venir.

BÉRALDE. Vous êtes servi à souhait. Un médecin vous
412 quitte, un autre se présente.

ARGAN. J'ai bien peur que vous ne soyez cause de quelque
malheur.

BÉRALDE. Encore ! Vous en revenez toujours là.

ARGAN. Voyez-vous, j'ai sur le cœur toutes ces maladies-là
que je ne connais point, ces...

Scène 8

TOINETTE, *en médecin*, ARGAN, BÉRALDE

TOINETTE. Monsieur, agréez que je vienne vous rendre
visite et vous offrir mes petits services pour toutes les
420 saignées et les purgations dont vous aurez besoin.

ARGAN. Monsieur, je vous suis fort obligé. Par ma foi,
voilà Toinette elle-même.

TOINETTE. Monsieur, je vous prie de m'excuser, j'ai oublié
de donner une commission à mon valet, je reviens tout
à l'heure.

ARGAN. Eh ! ne diriez-vous pas que c'est effectivement
Toinette ?

BÉRALDE. Il est vrai que la ressemblance est tout à fait
grande ; mais ce n'est pas la première fois qu'on a vu de
430 ces sortes de choses, et les histoires ne sont pleines que
de ces jeux de la nature.

ARGAN. Pour moi, j'en suis surpris, et...

Scène 9

TOINETTE, ARGAN, BÉRALDE

TOINETTE *quitte son habit de médecin si promptement qu'il
est difficile de croire que ce soit elle qui a paru en médecin.* Que voulez-vous, Monsieur ?

ARGAN. Comment ?

TOINETTE. Ne m'avez-vous pas appelée ?

ARGAN. Moi ? non.

TOINETTE. Il faut donc que les oreilles m'aient corné.

ARGAN. Demeure un peu ici pour voir comme ce médecin
441 te ressemble.

TOINETTE, *en sortant, dit.* Oui, vraiment ! J'ai affaire là-
bas, et je l'ai assez vu.

ARGAN. Si je ne les voyais tous deux, je croirais que ce
n'est qu'un.

BÉRALDE. J'ai lu des choses surprenantes de ces sortes de
ressemblance, et nous en avons vu, de notre temps, où
tout le monde s'est trompé.

ARGAN. Pour moi, j'aurais été trompé à celle-là, et j'aurais
450 juré que c'est la même personne.

Scène 10

TOINETTE, *en médecin,* ARGAN, BÉRALDE

TOINETTE. Monsieur, je vous demande pardon de tout
mon cœur.

ARGAN. Cela est admirable !

TOINETTE. Vous ne trouverez pas mauvais, s'il vous plaît,
la curiosité que j'ai eue de voir un illustre malade
comme vous êtes, et votre réputation, qui s'étend partout, peut excuser la liberté que j'ai prise.

ARGAN. Monsieur, je suis votre serviteur.

TOINETTE. Je vois, Monsieur, que vous me regardez fixe-
460 ment. Quel âge croyez-vous bien que j'aie ?

ARGAN. Je crois que tout au plus vous pouvez avoir vingt-
six ou vingt-sept ans...

TOINETTE. Ah! ah! ah! ah! ah! J'en ai quatre-vingt-
dix.

ARGAN. Quatre-vingt-dix?

TOINETTE. Oui. Vous voyez un effet des secrets de mon
art, de me conserver ainsi frais et vigoureux.

ARGAN. Par ma foi, voilà un beau jeune vieillard pour
quatre-vingt-dix ans.

TOINETTE. Je suis médecin passager[1], qui vais de ville en
471 ville, de province en province, de royaume en royaume,
pour chercher d'illustres matières à ma capacité, pour
trouver des malades dignes de m'occuper, capables
d'exercer les grands et beaux secrets que j'ai trouvés
dans la médecine. Je dédaigne de m'amuser à ce menu
fatras de maladies ordinaires, à ces bagatelles de rhuma-
tismes et de fluxions, à ces fiévrotes, à ces vapeurs et à
ces migraines. Je veux des maladies d'importance, de
bonnes fièvres continues, avec des transports au cer-
480 veau, de bonnes fièvres pourprées, de bonnes pestes, de
bonnes hydropisies formées, de bonnes pleurésies, avec
des inflammations de poitrine : c'est là que je me plais,
c'est là que je triomphe ; et je voudrais, Monsieur, que
vous eussiez toutes les maladies que je viens de dire,
que vous fussiez abandonné de tous les médecins, déses-
péré, à l'agonie, pour vous montrer l'excellence de mes
remèdes, et l'envie que j'aurais de vous rendre service.

ARGAN. Je vous suis obligé, Monsieur, des bontés que vous
490 avez pour moi.

TOINETTE. Donnez-moi votre pouls. Allons donc, que l'on
batte comme il faut. Ah! je vous ferai bien aller comme
vous devez. Ouais! ce pouls-là fait l'impertinent ; je vois
bien que vous ne me connaissez pas encore. Qui est
votre médecin?

ARGAN. Monsieur Purgon.

TOINETTE. Cet homme-là n'est point écrit sur mes tablettes entre les grands médecins. De quoi dit-il que vous êtes malade ?

ARGAN. Il dit que c'est du foie, et d'autres disent que c'est
501 de la rate.

TOINETTE. Ce sont tous des ignorants. C'est du poumon que vous êtes malade.

ARGAN. Du poumon ?

TOINETTE. Oui. Que sentez-vous ?

ARGAN. Je sens de temps en temps des douleurs de tête.

TOINETTE. Justement, le poumon.

ARGAN. Il me semble parfois que j'ai un voile devant les
509 yeux.

TOINETTE. Le poumon.

ARGAN. J'ai quelquefois des maux de cœur.

TOINETTE. Le poumon.

ARGAN. Je sens parfois des lassitudes par tous les membres.

TOINETTE. Le poumon.

ARGAN. Et quelquefois il me prend des douleurs dans le ventre, comme si c'étaient des coliques.

TOINETTE. Le poumon. Vous avez appétit à ce que vous mangez ?

ARGAN. Oui, Monsieur.

TOINETTE. Le poumon. Vous aimez à boire un peu de
522 vin ?

ARGAN. Oui, Monsieur.

TOINETTE. Le poumon. Il vous prend un petit sommeil après le repas, et vous êtes bien aise de dormir ?

ARGAN. Oui, Monsieur.

TOINETTE. Le poumon, le poumon, vous dis-je. Que vous
528 ordonne votre médecin pour votre nourriture ?

ARGAN. Il m'ordonne du potage.

TOINETTE. Ignorant !

ARGAN. De la volaille.

TOINETTE. Ignorant !

ARGAN. Du veau.

TOINETTE. Ignorant !

ARGAN. Des bouillons.

TOINETTE. Ignorant !

ARGAN. Des œufs frais.

TOINETTE. Ignorant !

ARGAN. Et, le soir, de petits pruneaux pour lâcher le ven-
540 tre.

TOINETTE. Ignorant !

ARGAN. Et surtout de boire mon vin fort trempé.

TOINETTE. *Ignorantus, ignoranta, ignorantum* [1] ! Il faut
boire votre vin pur ; et, pour épaissir votre sang, qui est
trop subtil, il faut manger du bon gros bœuf, de bon gros
porc, de bon fromage de Hollande, du gruau et du riz, et
des marrons et des oublies [2], pour coller et conglutiner.
Votre médecin est une bête. Je veux vous en envoyer un
de ma main, et je viendrai vous voir de temps en temps
550 tandis que je serai en cette ville.

ARGAN. Vous m'obligerez beaucoup.

TOINETTE. Que diantre faites-vous de ce bras-là ?

ARGAN. Comment ?

TOINETTE. Voilà un bras que je me ferais couper tout à
l'heure, si j'étais que de vous.

ARGAN. Et pourquoi ?

TOINETTE. Ne voyez-vous pas qu'il tire à soi toute la nourriture, et qu'il empêche ce côté-là de profiter ?

ARGAN. Oui, mais j'ai besoin de mon bras.

TOINETTE. Vous avez là aussi un œil droit que je me ferais
561 crever, si j'étais en votre place.

ARGAN. Crever un œil ?

TOINETTE. Ne voyez-vous pas qu'il incommode[1] l'autre et lui dérobe sa nourriture ? Croyez-moi, faites-vous-le crever au plus tôt, vous en verrez plus clair de l'œil gauche.

ARGAN. Cela n'est pas pressé.

TOINETTE. Adieu. Je suis fâché de vous quitter si tôt, mais il faut que je me trouve à une grande consultation qui se
570 doit faire pour un homme qui mourut hier.

ARGAN. Pour un homme qui mourut hier ?

TOINETTE. Oui, pour aviser et voir ce qu'il aurait fallu lui faire pour le guérir. Jusqu'au revoir.

ARGAN. Vous savez que les malades ne reconduisent point.

BÉRALDE. Voilà un médecin qui paraît fort habile.

ARGAN. Oui, mais il va un peu bien vite.

BÉRALDE. Tous les grands médecins sont comme cela.

ARGAN. Me couper un bras, me crever un œil, afin que
580 l'autre se porte mieux ! J'aime bien mieux qu'il ne se porte pas si bien. La belle opération de me rendre borgne et manchot !

Scène 11

TOINETTE, ARGAN, BÉRALDE

TOINETTE. Allons, allons, je suis votre servante. Je n'ai pas
   envie de rire.

ARGAN. Qu'est-ce que c'est ?

TOINETTE. Votre médecin, ma foi, qui me voulait tâter le
   pouls[1].

ARGAN. Voyez un peu, à l'âge de quatre-vingt-dix ans !

BÉRALDE. Oh ça, mon frère, puisque voilà votre monsieur
590 Purgon brouillé avec vous, ne voulez-vous pas bien que
   je vous parle du parti qui s'offre pour ma nièce ?

ARGAN. Non, mon frère, je veux la mettre dans un couvent, puisqu'elle s'est opposée à mes volontés. Je vois
   bien qu'il y a quelque amourette là-dessous, et j'ai
   découvert certaine entrevue secrète qu'on ne sait pas
   que j'ai découverte.

BÉRALDE. Hé bien ! mon frère, quand il y aurait quelque
   petite inclination, cela serait-il si criminel, et rien peut-il
   vous offenser, quand tout ne va qu'à des choses honnê-
600 tes comme le mariage ?

ARGAN. Quoi qu'il en soit, mon frère, elle sera religieuse ;
   c'est une chose résolue.

BÉRALDE. Vous voulez faire plaisir à quelqu'un.

ARGAN. Je vous entends. Vous en revenez toujours là, et
   ma femme vous tient au cœur.

BÉRALDE. Hé bien, oui, mon frère, puisqu'il faut parler à
   cœur ouvert, c'est votre femme que je veux dire ; et non
   plus que l'entêtement de la médecine, je ne puis vous
   souffrir l'entêtement où vous êtes pour elle, et voir que
610 vous donniez tête baissée dans tous les pièges qu'elle
   vous tend.

TOINETTE. Ah! Monsieur, ne parlez point de Madame ;
c'est une femme sur laquelle il n'y a rien à dire, une
femme sans artifice, et qui aime Monsieur, qui l'aime !...
On ne peut pas dire cela.

ARGAN. Demandez-lui un peu les caresses qu'elle me
fait.

TOINETTE. Cela est vrai.

ARGAN. L'inquiétude que lui donne ma maladie.

TOINETTE. Assurément.

ARGAN. Et les soins et les peines qu'elle prend autour de
622 moi.

TOINETTE. Il est certain. *(A Béralde.)* Voulez-vous que je
vous convainque et vous fasse voir tout à l'heure
comme Madame aime Monsieur ? *(A Argan.)* Monsieur,
souffrez que je lui montre son bec jaune et le tire
d'erreur.

ARGAN. Comment ?

TOINETTE. Madame s'en va revenir. Mettez-vous tout
630 étendu dans cette chaise, et contrefaites le mort. Vous
verrez la douleur où elle sera quand je lui dirai la nouvelle.

ARGAN. Je le veux bien.

TOINETTE. Oui, mais ne la laissez pas longtemps dans le
désespoir, car elle en pourrait bien mourir.

ARGAN. Laisse-moi faire.

TOINETTE, *à Béralde.* Cachez-vous, vous, dans ce coin-
là.

ARGAN. N'y a-t-il point quelque danger à contrefaire le
640 mort ?

TOINETTE. Non, non. Quel danger y aurait-il ? Étendez-
vous là seulement. *(Bas.)* Il y aura plaisir à confondre
votre frère. Voici Madame. Tenez-vous bien.

Scène 12

BÉLINE, TOINETTE, ARGAN, BÉRALDE

TOINETTE *s'écrie.* Ah ! mon Dieu ! Ah ! malheur ! quel étrange accident !

BÉLINE. Qu'est-ce, Toinette ?

TOINETTE. Ah ! Madame !

BÉLINE. Qu'y a-t-il ?

TOINETTE. Votre mari est mort.

BÉLINE. Mon mari est mort ?

TOINETTE. Hélas ! oui. Le pauvre défunt est trépassé.

BÉLINE. Assurément ?

TOINETTE. Assurément. Personne ne sait encore cet acci-
654 dent-là, et je me suis trouvée ici toute seule. Il vient de passer entre mes bras. Tenez, le voilà tout de son long dans cette chaise.

BÉLINE. Le Ciel en soit loué ! Me voilà délivrée d'un grand fardeau. Que tu es sotte, Toinette, de t'affliger de cette mort !

TOINETTE. Je pensais, Madame, qu'il fallût pleurer.

BÉLINE. Va, va, cela n'en vaut pas la peine. Quelle perte
662 est-ce que la sienne, et de quoi servait-il sur la terre ? Un homme incommode à tout le monde, malpropre, dégoûtant, sans cesse un lavement ou une médecine dans le ventre, mouchant, toussant, crachant toujours, sans esprit, ennuyeux, de mauvaise humeur, fatiguant sans cesse les gens, et grondant jour et nuit servantes et valets.

TOINETTE. Voilà une belle oraison funèbre.

BÉLINE. Il faut, Toinette, que tu m'aides à exécuter mon
671 dessein, et tu peux croire qu'en me servant ta récom-pense est sûre. Puisque, par un bonheur, personne n'est

encore averti de la chose, portons-le dans son lit, et tenons cette mort cachée jusqu'à ce que j'aie fait mon affaire. Il y a des papiers, il y a de l'argent, dont je me veux saisir, et il n'est pas juste que j'aie passé sans fruit auprès de lui mes plus belles années. Viens, Toinette : prenons auparavant toutes ses clefs.

ARGAN, *se levant brusquement.* Doucement !

BÉLINE, *surprise et épouvantée.* Aïe !

ARGAN. Oui, madame ma femme, c'est ainsi que vous 682 m'aimez ?

TOINETTE. Ah ! ah ! le défunt n'est pas mort.

ARGAN, *à Béline, qui sort.* Je suis bien aise de voir votre amitié et d'avoir entendu le beau panégyrique que vous avez fait de moi. Voilà un avis au lecteur qui me rendra sage à l'avenir, et qui m'empêchera de faire bien des choses.

BÉRALDE, *sortant de l'endroit où il s'est caché.* Hé bien, 690 mon frère, vous le voyez.

TOINETTE. Par ma foi, je n'aurais jamais cru cela. Mais j'entends votre fille ; remettez-vous comme vous étiez et voyons de quelle manière elle recevra votre mort. C'est une chose qu'il n'est pas mauvais d'éprouver ; et puisque vous êtes en train, vous connaîtrez par là les sentiments que votre famille a pour vous.

Scène 13

ANGÉLIQUE, ARGAN, TOINETTE, BÉRALDE

TOINETTE, *s'écrie.* Ô Ciel ! ah ! fâcheuse aventure ! malheureuse journée !

ANGÉLIQUE. Qu'as-tu, Toinette, et de quoi pleures-tu ?

TOINETTE. Hélas ! j'ai de tristes nouvelles à vous don-
701 ner.

ANGÉLIQUE. Hé quoi ?

TOINETTE. Votre père est mort.

ANGÉLIQUE. Mon père est mort, Toinette ?

TOINETTE. Oui, vous le voyez là. Il vient de mourir tout à
l'heure d'une faiblesse qui lui a pris.

ANGÉLIQUE. Ô Ciel ! quelle infortune ! quelle atteinte
cruelle ! Hélas ! faut-il que je perde mon père, la seule
chose qui me restait au monde, et qu'encore, pour un
710 surcroît de désespoir, je le perde dans un moment où il
était irrité contre moi ! Que deviendrai-je, malheureuse,
et quelle consolation trouver après une si grande
perte ?

Scène 14
CLÉANTE, ANGÉLIQUE, ARGAN,
TOINETTE, BÉRALDE

CLÉANTE. Qu'avez-vous donc, belle Angélique ? et quel
malheur pleurez-vous ?

ANGÉLIQUE. Hélas ! je pleure tout ce que dans ma vie je
pouvais perdre de plus cher et de plus précieux. Je
pleure la mort de mon père.

CLÉANTE. Ô Ciel ! quel accident ! quel coup inopiné !
720 Hélas ! après la demande que j'avais conjuré votre oncle
de lui faire pour moi, je venais me présenter à lui et
tâcher, par mes respects et par mes prières, de disposer
son cœur à vous accorder à mes vœux.

ANGÉLIQUE. Ah ! Cléante, ne parlons plus de rien. Laissons là toutes les pensées du mariage. Après la perte de

mon père, je ne veux plus être du monde, et j'y renonce
pour jamais. Oui, mon père, si j'ai résisté tantôt à vos
volontés, je veux suivre du moins une de vos intentions
et réparer par là le chagrin que je m'accuse de vous
730 avoir donné. Souffrez, mon père, que je vous en donne
ici ma parole, et que je vous embrasse pour vous témoigner mon ressentiment.

ARGAN, *se lève.* Ah! ma fille!

ANGÉLIQUE, *épouvantée.* Aïe!

ARGAN. Viens. N'aie point de peur, je ne suis pas mort.
Va, tu es mon vrai sang, ma véritable fille, et je suis ravi
d'avoir vu ton bon naturel.

ANGÉLIQUE. Ah! quelle surprise agréable, mon père!
Puisque, par un bonheur extrême, le Ciel vous redonne
740 à mes vœux, souffrez qu'ici je me jette à vos pieds pour
vous supplier d'une chose. Si vous n'êtes pas favorable
au penchant de mon cœur, si vous me refusez Cléante
pour époux, je vous conjure, au moins, de ne me point
forcer d'en épouser un autre. C'est toute la grâce que je
vous demande.

CLÉANTE, *se jette à genoux.* Eh! Monsieur, laissez-vous
toucher à ses prières et aux miennes, et ne vous montrez
point contraire aux mutuels empressements d'une si
belle inclination.

BÉRALDE. Mon frère, pouvez-vous tenir là contre?

TOINETTE. Monsieur, serez-vous insensible à tant
752 d'amour?

ARGAN. Qu'il se fasse médecin, je consens au mariage. Oui,
faites-vous médecin, je vous donne ma fille.

CLÉANTE. Très volontiers; s'il ne tient qu'à cela pour être
votre gendre, je me ferai médecin, apothicaire même, si
vous voulez. Ce n'est pas une affaire que cela, et je ferais
bien d'autres choses pour obtenir la belle Angélique.

BÉRALDE. Mais, mon frère, il me vient une pensée. Faites-

Jean Le Poulain. Mise en scène de J.-L. Cochet
(Comédie-Française, 1979).

760 vous médecin vous-même. La commodité sera encore
plus grande d'avoir en vous tout ce qu'il vous faut.

TOINETTE. Cela est vrai. Voilà le vrai moyen de vous
guérir bientôt ; et il n'y a point de maladie si osée que de
se jouer à la personne d'un médecin.

ARGAN. Je pense, mon frère, que vous vous moquez de
moi. Est-ce que je suis en âge d'étudier ?

BÉRALDE. Bon, étudier ! Vous êtes assez savant ; et il y en
a beaucoup parmi eux qui ne sont pas plus habiles que
vous.

ARGAN. Mais il faut savoir parler latin, connaître les mala-
771 dies et les remèdes qu'il y faut faire.

BÉRALDE. En recevant la robe et le bonnet de médecin,
vous apprendrez tout cela, et vous serez après plus
habile que vous ne voudrez.

ARGAN. Quoi ! l'on sait discourir sur les maladies quand
on a cet habit-là ?

BÉRALDE. Oui. L'on n'a qu'à parler ; avec une robe et un
bonnet, tout galimatias devient savant, et toute sottise
devient raison.

TOINETTE. Tenez, Monsieur, quand il n'y aurait que votre
781 barbe, c'est déjà beaucoup, et la barbe fait plus de la
moitié d'un médecin[1].

CLÉANTE. En tout cas je suis prêt à tout.

BÉRALDE. Voulez-vous que l'affaire se fasse tout à
l'heure ?

ARGAN. Comment, tout à l'heure ?

BÉRALDE. Oui, et dans votre maison ?

ARGAN. Dans ma maison ?

BÉRALDE. Oui. Je connais une Faculté de mes amies qui
790 viendra tout à l'heure en faire la cérémonie dans votre
salle. Cela ne vous coûtera rien.

ARGAN. Mais moi, que dire ? que répondre ?

BÉRALDE. On vous instruira en deux mots, et l'on vous donnera par écrit ce que vous devez dire. Allez-vous-en vous mettre en habit décent, je vais les envoyer quérir.

ARGAN. Allons, voyons cela.

Il sort.

CLÉANTE. Que voulez-vous dire, et qu'entendez-vous avec cette Faculté de vos amies ?

TOINETTE. Quel est donc votre dessein ?

BÉRALDE. De nous divertir un peu ce soir. Les comédiens
802 ont fait un petit intermède de la réception d'un médecin, avec des danses et de la musique ; je veux que nous en prenions ensemble le divertissement, et que mon frère y fasse le premier personnage.

ANGÉLIQUE. Mais, mon oncle, il me semble que vous vous jouez un peu beaucoup de mon père.

BÉRALDE. Mais, ma nièce, ce n'est pas tant le jouer que s'accommoder à ses fantaisies. Tout ceci n'est qu'entre
810 nous. Nous y pouvons aussi prendre chacun un personnage, et nous donner ainsi la comédie les uns aux autres. Le carnaval autorise cela. Allons vite préparer toutes choses.

CLÉANTE, *à Angélique.* Y consentez-vous ?

ANGÉLIQUE. Oui, puisque mon oncle nous conduit.

Troisième intermède

C'est une cérémonie burlesque d'un homme qu'on fait médecin en récit, chant et danse.

ENTRÉE DE BALLET

Plusieurs tapissiers viennent préparer la salle et placer les bancs en cadence. Ensuite de quoi toute l'assemblée, composée de huit porte-seringues, six apothicaires, vingt-deux docteurs, celui qui se fait recevoir médecin, huit chirurgiens dansants et deux chantants, entre et prend ses places selon son rang[1].

PRÆSES

> *Savantissimi doctores,*
> *Medicinæ professores,*
> *Qui hic assemblati estis,*
> *Et vos, altri messiores,*
> *Sententiarum Facultatis*
> *Fideles executores,*
> *Chirurgiani et apothicari,*
> *Atque tota compania aussi,*
> *Salus, honor et argentum,*
> 10 *Atque bonum appetitum.*
>
> *Non possum, docti confreri,*
> *En moi satis admirari*
> *Qualis bona inventio*

Est medici professio ;
Quam bella chosa est, et bene trovata,
Medicina illa benedicta,
Quæ, suo nomine solo,
Surprenanti miraculo,
Depuis si longo tempore,
20   Facit à gogo vivere
Tant de gens omni genere.

Per totam terram videmus
Grandam vogam ubi sumus,
Et quod grandes et petiti
Sunt de nobis infatuti :
Totus mundus, currens ad nostros remedios,
Nos regardat sicut deos,
Et nostris ordonnanciis
Principes et reges soumissos videtis.

30   Donque il est nostræ sapientiæ,
Boni sensus atque prudentiæ,
De fortement travaillare
A nos bene conservare
In tali credito, voga et honore,
Et prandere gardam à non recevere
In nostro docto corpore
Quam personas capabiles,
Et totas dignas remplire
Has plaças honorabiles.

40   C'est pour cela que nunc convocati estis,
Et credo quod trovabitis
Dignam materiam medici
In savanti homine que voici,
Lequel, in chosis omnibus,
Dono ad interrogandum,
Et à fond examinandum
Vostris capacitatibus.

PRIMUS DOCTOR

    Si mihi licentiam dat dominus præses,
    Et tanti docti doctores,
50   *Et assistantes illustres,*
    Très savanti bacheliero,
    Quem estimo et honoro,
    Domandabo causam et rationem quare
    Opium facit dormire.

BACHELIERUS

    Mihi a docto doctore
    Domandatur causam et rationem quare
    Opium facit dormire ?
    A quoi respondeo
    Quia est in eo
60   *Virtus dormitiva,*
    Cujus est natura
    Sensus assoupire.

CHORUS

    Bene, bene, bene, bene respondere :
    Dignus, dignus est intrare
    In nostro docto corpore.

SECUNDUS DOCTOR

    Cum permissione domini præsidis,
    Doctissimæ Facultatis,
    Et totius his nostris actis
    Companiæ assistantis,
70   *Domandabo tibi, docte bacheliere,*
    Quæ sunt remedia,
    Quæ in maladia
    Dite hydropisia
    Convenit facere.

BACHELIERUS

    Clysterium donare,
    Postea seignare,
    Ensuita purgare.

CHORUS

> *Bene, bene, bene, bene respondere :*
> *Dignus, dignus est intrare*
> 80   *In nostro docto corpore.*

TERTIUS DOCTOR

> *Si bonum semblatur domino præsidi,*
> *Doctissimæ Facultati*
> *Et companiæ presenti,*
> *Domandabo tibi, docte bacheliere,*
> *Quæ remedia eticis,*
> *Pulmonicis atque asmaticis,*
> *Trovas à propos facere.*

BACHELIERUS

> *Clysterium donare,*
> *Postea seignare,*
> 90   *Ensuita purgare.*

CHORUS

> *Bene, bene, bene, bene respondere :*
> *Dignus, dignus est intrare*
> *In nostro docto corpore.*

QUARTUS DOCTOR

> *Super illas maladias,*
> *Doctus bachelierus dixit maravillas,*
> *Mais, si non ennuyo dominum praesidem,*
> *Doctissimam Facultatem,*
> *Et totam honorabilem*
> *Companiam ecoutantem,*
> 100 *Faciam illi unam questionem :*
> *De hiero maladus unus*
> *Tombavit in meas manus ;*
> *Habet grandam fievram cum redoublamentis,*
> *Grandam dolorem capitis,*
> *Et grandum malum au costé,*
> *Cum granda difficultate*
> *Et pena de respirare.*
> *Veillas mihi dire,*

> *Docte bacheliere,*
110 > *Quid illi facere ?*

BACHELIERUS

> *Clysterium donare,*
> *Postea seignare,*
> *Ensuita purgare.*

QUINTUS DOCTOR

> *Mais si maladia,*
> *Opiniatria,*
> *Non vult se garire,*
> *Quid illi facere ?*

BACHELIERUS

> *Clysterium donare,*
> *Postea seignare,*
120 > *Ensuita purgare,*
> *Reseignare, repurgare et reclysterisare.*

CHORUS

> *Bene, bene, bene, bene respondere :*
> *Dignus, dignus est intrare*
> *In nostro docto corpore.*

PRÆSES

> *Juras gardare statuta*
> *Per Facultatem præscripta,*
> *Cum sensu et jugeamento ?*

BACHELIERUS

> *Juro.*

PRÆSES

> *Essere in omnibus*
130 > *Consultationibus*
> *Ancieni aviso,*

> *Aut bono*
> *Aut mauvaiso ?*

BACHELIERUS

> *Juro.*

PRÆSES

> *De non jamais te servire*
> *De remediis aucunis,*
> *Quam de ceux seulement doctæ Facultatis ;*
> *Maladus dût-il crevare*
> *Et mori de suo malo ?*

BACHELIERUS

140   *Juro.*

PRÆSES

> *Ego, cum isto boneto*
> *Venerabili et docto,*
> *Dono tibi et concedo*
> *Virtutem et puissanciam*
> *Medicandi,*
> *Purgandi,*
> *Seignandi,*
> *Perçandi,*
> *Taillandi,*
150 *Coupandi,*
> *Et occidendi*
> *Impune per totam terram.*

ENTRÉE DE BALLET

Tous les chirurgiens et apothicaires viennent lui faire la révérence en cadence.

BACHELIERUS

> *Grandes doctores doctrinæ,*
> *De la rhubarbe et du séné,*
> *Ce serait sans doute à moi chosa folla,*

> Inepta et ridicula,
> Si j'alloibam m'engageare
> Vobis louangeas donare,
> Et entreprenoibam adjoutare
> 160 Des lumieras au soleillo
> Et des etoilas au cielo,
> Des ondas à l'Oceano
> Et des rosas au printanno.
> Agreate qu'avec uno moto,
> Pro toto remercimento,
> Rendam gratiam corpori tam docto.
> Vobis, vobis debeo
> Bien plus qu'à naturæ et qu'à patri meo :
> Natura et pater meus
> 170 Hominem me habent factum ;
> Mais vos me, ce qui est bien plus,
> Avetis factum medicum.
> Honor, favor, et gratia,
> Qui, in hoc corde que voilà,
> Imprimant ressentimenta
> Qui dureront in sæcula.

CHORUS

> Vivat, vivat, vivat, vivat, cent fois vivat,
> Novus doctor, qui tam bene parlat !
> Mille, mille annis, et manget et bibat,
> 180 Et seignet et tuat !

ENTRÉE DE BALLET

Tous les chirurgiens et les apothicaires dansent au son des instruments et des voix, et des battements de mains, et des mortiers d'apothicaires.

CHIRURGUS

> Puisse-t-il voir doctas

> Suas ordonnancias
> Omnium chirurgorum
> Et apothiquarum
> Remplire boutiquas !

CHORUS

> Vivat, vivat, vivat, vivat, cent fois vivat,
> Novus doctor, qui tam bene parlat !
> Mille, mille annis, et manget et bibat,
> Et seignet et tuat !

CHIRURGUS

190
> Puissent toti anni
> Lui essere boni
> Et favorabiles,
> Et n'habere jamais
> Quam pestas, verolas,
> Fievras, pluresias,
> Fluxus de sang et dyssenterias.

CHORUS

> Vivat, vivat, vivat, vivat, cent fois vivat,
> Novus doctor, qui tam bene parlat !
> Mille, mille annis, et manget et bibat,
200
> Et seignet et tuat !

DERNIÈRE ENTRÉE DE BALLET

Des médecins, des chirurgiens et des apothicaires, qui sortent tous, selon leur rang, en cérémonie, comme ils sont entrés.

Commentaires
Notes

par

Alain Lanavère

Commentaires

Originalité de l'œuvre

Le 10 février 1673, au Palais-Royal, Molière crée pour le public parisien *Le Malade imaginaire* ; à la quatrième représentation, il vomit du sang lors du troisième et dernier Intermède, et meurt le soir même (17 février). « N'y a-t-il point quelque danger à contrefaire le mort ? » avait-il dit, jouant Argan (III, 11). « Non, non. Quel danger y aurait-il ? » lui répondait-on. La coïncidence, qui surprit évidemment les contemporains, nous laisse aujourd'hui encore rêveurs. Elle fait en tout cas de cette œuvre comme le testament de Molière, et elle nous oblige, bien plus que ne le faisaient les autres pièces de Molière, et notamment ses comédies-ballets, à nous interroger sur les rapports, étranges, qui unissent ces spectacles à leur créateur et leurs personnages à leur auteur.

Une comédie-ballet ?

Molière, à la fois parce que depuis plus de dix ans il fournit à la Cour de grands divertissements, et parce que son « aventure théâtrale » (J. Guicharnaud) l'oriente de plus en plus impérieusement vers l'invention de formes de spectacle total, produisait de plus en plus volontiers des comédies-ballets, genre qu'il inaugurait (et inventait) avec *Les Fâcheux* (1661) et dont le chef-d'œuvre semblait être *Le Bourgeois gentilhomme* (1670). Il s'agissait d'intercaler dans les entractes d'une comédie des danses, des intermèdes musicaux, des effets spectaculaires variés, afin que, par le concours des divers arts et un jeu plus ou moins complexe de disparates et d'analogies entre les diverses composantes de l'ensemble, se produisît une fête des sens et de l'esprit. Durant dix ans (1661-1670), Molière avait trouvé en Jean-Baptiste Lulli (1632-1687) un incomparable collaborateur, ou plutôt un complice. Mais le musicien florentin avait l'ambition de créer l'opéra en français, et tenait à capter à son seul profit la faveur de Louis XIV : il se brouille avec Molière, et obtient du roi (14 mars 1672) le monopole d'exploitation comme de composition des spectacles musicaux ; Molière désormais ne peut plus disposer, pour ses propres représentations, que de fort peu de chanteurs et de musiciens, et il mesure que la protection du roi se détourne de lui. Courageusement, il fait face et, soit crée de simples comédies (*Les Femmes savantes*, mars 1672), soit reprend ses anciennes comédies-ballets mais avec des musiques nouvelles ; et, comme s'il voulait prouver à tous, et surtout au roi, qu'il peut se passer de Lulli, il entreprend de monter, malgré tout, un grand spectacle musical ; son musicien est désormais Marc-Antoine Charpentier (1636 ?-1704), très capable rival de Lulli, et, à grands frais, ils préparent *Le Malade imaginaire*. Le Prologue indique que la pièce eût dû être créée à la Cour, après que le roi fut revenu de la guerre ; pour des raisons qui nous échappent, la pièce ne fut créée qu'en février 1673, pour le carnaval — et à Paris, non à la Cour ; on devine que Lulli dut intriguer pour empêcher une création à la Cour. La pièce ne se nomme du reste pas « comédie-ballet », mais le Prologue, les trois Intermèdes, et surtout le dernier, manifestement calqué sur le *finale* du *Bourgeois gentilhomme* (dont le musicien avait été Lulli) témoignent que Molière, en 1673, restait fidèle à la tactique qui avait été sienne toute sa vie durant : non point se défendre, mais contre-attaquer, et de la façon la plus provocante qui fût ; Polichinelle ne dit-il pas, au premier Intermède, visant obliquement Lulli : « La musique est accoutumée à ne point faire ce qu'on veut » ? Et les remarques d'Argan sur la musique, à l'acte II (« Nous nous serions bien passés de votre impertinent d'opéra »), raillent, indirectement, le Florentin.

Le spectacle total

Cette comédie-ballet qui n'ose plus se proclamer telle, Molière avait voulu qu'elle prouvât aux Parisiens, sinon au roi, qu'il demeurait incomparable. D'où dans cette pièce la folle prodigalité d'effets de toute sorte : la musique de Marc-Antoine Charpentier, évidemment, et les danses et grimaces du Prologue et des Intermèdes, mais aussi les changements de décor — outre l'intérieur bourgeois d'Argan, le décor champêtre du Prologue, la ruelle obscure du premier Intermède, et la grand-salle de la faculté de médecine que l'on reconstitue sous nos yeux pour le *finale*. Comme pour éblouir, Molière multiplie les dissonances : l'églogue virgilienne et le lyrisme officiel (Prologue), la *Commedia dell'arte* (1er Intermède), les mascarades orientales du carnaval (2e Intermède), la cérémonie latine du *finale*, le petit opéra français de l'acte II, scène 5. Il multiplie aussi les morceaux de bravoure, ou, si l'on veut, les gageures : car c'en est une, que le rôle d'Argan, qu'il tenait, son héros restant presque constamment en scène (vingt-sept scènes sur les trente et une que compte la pièce). Pensons aussi au rôle de Louison, unique ou presque enfant du théâtre classique. Et tous les personnages, jusqu'au notaire, à M. Purgon ou même à Polichinelle, qui n'apparaissent qu'une fois, ont droit à d'admirables passages, où, comme sous le regard de l'acteur-auteur-chef de troupe Molière, vêtu en Argan, chaque acteur de la troupe peut donner toute la mesure de sa virtuosité. Mieux : le théâtre se donne ici lui-même à voir, dans ses prestiges comme dans sa facticité : à quatre reprises, l'on se déguise (Cléante en maître de musique, Louison en morte, Toinette en médecin, Argan en mort), un décor est monté sous nos yeux (début du dernier Intermède), un acteur change ostensiblement de rôle (le malade est métamorphosé en médecin), et le texte lui-même multiplie les références au monde du théâtre et du carnaval. Pour peu que le spectateur garde le souvenir de la production antérieure de Molière, il ne peut qu'être émerveillé devant ces personnages, ces scènes, ces dialogues qui, provenant du répertoire moliéresque, viennent sous les lustres s'offrir à lui dans un état de perfection inimitable : Argan, c'est un nouvel Orgon, embéguiné de la médecine comme l'autre l'était de la dévotion ; Toinette, c'est Dorine, mais plus active, et plus drôle ; Angélique face à Thomas Diafoirus, c'est Henriette face à Trissotin ; Béralde raisonne, mais mieux que tous les raisonneurs du théâtre de Molière, etc. — la liste serait longue des emprunts que Molière a multipliés à son œuvre propre, comme s'il voulait, en 1673, faire éclater qu'il n'eut jamais plus de raisons d'être lui-même. Et il signe sa pièce de façon orgueilleuse en confiant à ses héros quelques répliques où il est question... de Molière et de son théâtre (III, 3).

Le testament de Molière

Cette pièce, nous ne pouvons plus la *lire* que comme celle où Molière rencontra la mort. De fait, son protagoniste, le Malade, son thème, la maladie, ses seconds rôles, des médecins et des gardes-malades, et peut-être surtout le si grave débat entre Argan et Béralde sur la médecine (III, 3), l'une des plus belles scènes « idéologiques » de Molière, donnent irrésistiblement à penser. Certes, Molière avait bien souvent joué des farces, comme *Le Médecin volant, Le Docteur amoureux*, etc., qui raillaient les médecins, et le personnage du docteur avait depuis longtemps émigré de la *Commedia dell'arte* pour s'installer dans le répertoire comique français ; en 1666, avec grand succès, Molière avait donné *Le Médecin malgré lui*. Mais, précisément en 1666, il avait déjà été si malade qu'à Paris on l'avait cru mort ; et, depuis, sa santé se délabre. Si bien que les allusions que ses comédies ménagent à la médecine et aux médecins se font plus aigres ; dans *L'Avare* (septembre 1668), Molière-Harpagon tire encore un parti comique de la toux qui l'afflige (II, 5), mais, l'année suivante, Monsieur de Pourceaugnac est très cruellement accablé par deux médecins et un apothicaire : on devine que Molière, malade, s'exaspère contre les médecins. En janvier 1670, un ennemi de Molière, Le Boulanger de La Chalussay, obscur mais très précisément informé, publie contre lui un pamphlet en forme de grande comédie en cinq actes, *Élomire hypocondre*, qui raille cruellement — et non sans brio — le dramaturge, accusé à la fois d'être malade au physique, et malade au moral, car malade imaginaire. Et, autour de lui, Molière voit les siens souffrir et mourir : Madeleine Béjart, la compagne de sa jeunesse devenue sa belle-mère (décembre 1671), Pierre, son second fils et troisième enfant, qui meurt dix jours après sa naissance (octobre 1672), les deux filles de Mlle La Grange, l'une de ses comédiennes (décembre 1672). D'où la gravité extrême des discours, si froidement pessimistes, de Béralde sur la vanité des thérapeutiques et la nullité des médecins. D'où, surtout, la profondeur du rôle d'Argan. D'où, enfin, la frénésie comique de cette pièce, où il s'agit de *divertir*, à tout prix, un malade, certes imaginaire, mais inventé et joué par un malade très réel, Molière. « Je connais une Faculté

de mes amies qui viendra tout à l'heure... » (III, 14) :
cette faculté, la pièce le montre à l'envi, c'est pour
Molière le rire. « Le carnaval autorise cela... » *(ibid.)* —
et aussi l'approche de la mort.

Thèmes et personnages

Toute la pièce paraît ainsi traiter du *divertissement*, au
plein sens que les *Pensées* pascaliennes (parues en 1670)
venaient de donner à ce mot. En effet, la pièce, *a priori*
conçue comme un divertissement, s'articule très adroitement autour de ce thème qui lui confère une unité que
parfois la critique n'a pas voulu voir.

Analyse de l'œuvre

Deux couples de bergers sont invités par la déesse
Flore à cesser de s'entretenir de leurs amours : c'est que
Louis XIV est de retour ; les deux amants tentent de
dire ses exploits, en vain. Pan les incite à se soucier bien
plutôt de fournir à ses plaisirs ; oubliant leurs amours,
comme leurs velléités d'être les poètes officiels de
Louis XIV, ils se changent en comédiens (Prologue). La
pièce qui suit sera, par un effet d'*abyme*, le divertissement qu'ils offrent au monarque.

Un soir, seul dans sa chambre, Argan fait le bilan
d'un mois de traitements médicaux ; épouvanté soudain
par sa solitude, il appelle sa servante (I, 1) : Toinette
arrive de mauvais gré ; le malade mande sa fille Angélique (I, 2), laquelle, justement, arrive sur scène. Argan
éprouve un pressant besoin, et se retire (I, 3). Angélique
en profite pour confier à Toinette ses amours, encore
timides, avec un charmant jeune homme dont elle rêve
depuis six jours ; Toinette lui rappelle qu'il s'est engagé
à demander bientôt sa main (I, 4). Argan revient, et
annonce qu'on vient de lui demander sa fille en mariage ; ravie, Angélique acquiesce, jusqu'au moment où
Argan précise qu'il s'agit non de Cléante, le soupirant
d'Angélique, mais de Thomas Diafoirus, neveu de
M. Purgon, son médecin traitant. Malgré les protestations de Toinette, Argan somme Angélique d'épouser
Thomas, sous peine d'être jetée dans un couvent.
Devant Angélique navrée, Argan et Toinette se querel-
lent, et en viennent aux coups (I, 5). Le vacarme fait

venir Béline, seconde femme d'Argan ; il se plaint à elle de l'insolence de Toinette et se fait consoler. Angélique se retire, suivie, non sans un dernier éclat, par Toinette. Épuisé, Argan, seul avec sa femme, parle de faire un testament en sa faveur exclusive ; Béline proteste du désintéressement qui l'inspire, mais fait entrer un notaire que, comme par hasard, elle a amené avec elle (I, 6). Le notaire, cyniquement, et Béline, doucereusement, indiquent à Argan les moyens légaux dont il peut user pour déshériter ses enfants du premier lit au profit de Béline ; les trois complices se retirent dans le bureau d'Argan pour rédiger le testament (I, 7). Angélique et Toinette reviennent ; elles se doutent de la cupidité de Béline ; Toinette promet à Angélique de servir ses amours, en feignant d'être du côté d'Argan ; elle va utiliser son amant Polichinelle pour informer sans tarder Cléante du mariage qu'Argan a imaginé avec Thomas Diafoirus ; mais Béline l'appelle (I, 8).

La nuit, devant la maison d'Argan, Polichinelle vient donner la sérénade à Toinette ; mais, à sa place, une vieille apparaît à la fenêtre et se moque de lui. Une altercation avec les archers du guet met fin à la sérénade (1er Intermède).

Le lendemain matin, chez Argan, Toinette ouvre la porte à Cléante : il s'est déguisé en maître de musique pour pénétrer chez Angélique et la courtiser (II, 1). Survient Argan, faisant sa gymnastique médicale du matin. Toinette lui présente le pseudo-maître de musique ; Argan prétend assister à la leçon (II, 2). Angélique entre, et dissimule peu sa surprise de voir chez elle son amant ; elle tente de se reprendre (II, 3) quand, introduits par Toinette (II, 4) se présentent les Diafoirus, père et fils, qui viennent officiellement se déclarer à Angélique ; après de cérémonieux compliments, le père vante les qualités morales et professionnelles de son fils ; puis on écoute la leçon de chant d'Angélique ; comme les deux jeunes gens vont jusqu'à échanger des couplets amoureux (qu'ils improvisent), Argan, pris de doutes, congédie brutalement Cléante (II, 5). Béline, qui a achevé sa toilette matinale, surgit : nouvelles présentations, mais Angélique se refuse aux assiduités de Thomas Diafoirus, puis se querelle avec Béline. Argan, furieux de l'indépendance de sa fille, la somme d'épouser Thomas dans les quatre jours, ou d'entrer au couvent. Elle sort. Béline aussi, qui a à faire en ville ; les Diafoirus se retirent, non sans avoir gracieusement accordé à Argan une consultation (II, 6). Béline revient dire à Argan qu'elle a surpris un jeune homme chez Angélique (II, 7), en présence il est vrai de la petite Louison, sœur cadette d'Angélique. Argan arrache à Louison la confirmation de ce que lui disait Béline (II, 8), et la renvoie chez elle. Arrive alors à l'improviste Béralde, frère d'Argan, qui, avant que de parler de choses sérieuses, offre au malade un divertissement (II, 9). Des bohémiens, accompagnés de singes, viennent chanter et danser devant Argan : ils disent les charmes de la jeunesse et de l'amour (2e Intermède).

Toinette rentre, sitôt le divertissement achevé, et le commente avec son maître et Béralde (III, 1). Mais Argan se rue hors de scène pour satisfaire encore de pressants besoins : Béralde et Toinette en profitent pour comploter en faveur d'Angélique et de Cléante (III, 2). Argan revient, soulagé ; il accepte d'avoir avec son frère un entretien de sang-froid sur l'avenir d'Angélique ; à partir du cas précis de Thomas Diafoirus, la conversation se porte sur la confiance qu'il faut, ou non, avoir envers les médecins et la médecine (III, 3) ; au moment où Béralde prie son frère de songer plus aux goûts de sa fille qu'à l'intérêt d'avoir un gendre médecin, l'apothicaire, M. Fleurant, surgit : c'est l'heure du lavement — mais Béralde l'éconduit (III, 4) ; M. Purgon, médecin traitant d'Argan, fait alors irruption, furieux que son malade n'exécute pas ses ordonnances : il déchire la dotation qu'il voulait faire à son neveu Thomas s'il épousait Angélique et sort en maudissant Argan qu'il voue aux pires maladies (III, 5). Argan s'effondre (III, 6). Toinette introduit un nouveau médecin, qui n'est autre qu'elle-même, travestie : elle ausculte Argan, et lui prescrit un traitement exactement inverse de celui qu'il suivait auparavant (III, 7-10). Argan, troublé, ne l'est pas au point de céder à Béralde qui plaide la cause de Cléante, et s'obstine à jeter sa fille dans un couvent. Béralde alors oriente la conversation vers Béline ; sur les conseils de Toinette, Argan accepte de faire le mort, et qu'on appelle Béline pour vérifier d'après son comportement l'authenticité des sentiments qu'elle prétend porter à son époux (III, 11) ; Argan feint d'être mort, Béralde se cache, et Toinette, éplorée, accueille Béline — laquelle, enchantée d'être débarrassée de son époux, propose à Toinette de s'allier à elle pour détourner au plus vite l'héritage du défunt ; Argan se dresse, et Béline, confondue, s'enfuit (III, 12). Même stratagème avec Angélique, puis Cléante, qui, eux, s'affligent sincèrement (III, 13). Argan, ému, se lève, et décide d'accorder Angélique à Cléante, pourvu que ce dernier veuille bien se faire... médecin. Béralde propose alors à Argan de le devenir lui-même : Argan se laisse persuader (III, 14) et, dernier Intermède, Argan, dupe de cette comédie, jure en latin, sous les acclamations générales, d'être digne du doctoral bonnet qu'on lui a remis.

La pièce, on le voit, peint les efforts acharnés des membres « raisonnables » d'une famille (Toinette, Angélique et son amant Cléante, Louison et Béralde) pour divertir un malade, Argan, dont la seule maladie est de se croire malade, tout à la fois de sa chimère et des projets aberrants qu'elle lui inspire (avoir pour gendre un médecin, donner sa confiance au corps médical, léguer sa fortune à sa seconde femme qu'il prend pour une parfaite garde-malade, etc.). Pour ce faire les « bons » personnages tentent contre Argan deux sortes d'offensives. La première consiste à traiter raisonnablement Argan, comme si des raisonnements sur la médecine (III, 3), des conseils sensés d'hygiène (III, 10), des appels aux bons sentiments (I, 5), voire des moqueries, pouvaient le contraindre à redevenir l'Argan qu'il fut avant son extravagance. En vain. L'autre façon de le divertir à laquelle ils se rallient assez vite, à la fois parce que la saison, le carnaval, les y autorise, et parce qu'ils mesurent qu'une imagination malade, comme l'est celle d'Argan, ne peut être traitée que sur le mode qui est le sien, l'imaginaire, c'est d'entrer dans le jeu du Malade imaginaire, et « s'accommoder à ses fantaisies » (III, 14). Plus ou moins heureusement, ils poussent cet extravagant à extravaguer au point où, oubliant d'être lui-même, il ressemblera à ce qu'on voudrait qu'il fût. D'où, dès l'acte II, des stratagèmes dont on le dupe : Toinette feint de le croire malade (II, 2), Cléante feint d'être maître de musique (II, 2) et Angélique feint de l'avoir vu en songe (II, 3), Louison feint d'être morte (II,

8), Toinette se déguise en médecin (III, 7-10), et divers comparses font accroire à Argan qu'il est devenu médecin (3ᵉ Intermède). Ces stratagèmes, Argan y donne d'autant mieux qu'on lui offre aussi des spectacles : les deuxième et troisième intermèdes, la leçon de musique de l'acte II, Louison est prête à lui narrer des contes ou des fables, et Béralde veut le conduire au Palais-Royal pour y voir jouer du Molière. A la fin, Argan se laisse même transformer en acteur, puisqu'il va jouer deux fois le rôle d'un mort, puis il consent à se métamorphoser en médecin, allant jusqu'à changer de langue. Progressivement, Argan se perd ainsi dans le monde de l'imaginaire, lequel n'est autre que celui du théâtre tel que le conçoit Molière, fête où se mêlent musiques, danses, travestissements, littératures. Pour divertir un roi comme Louis XIV, quelle meilleure occasion que de lui donner à voir le drame d'un être qu'il faut lui-même divertir au point de le changer en pur fantoche de théâtre ? « Un roi sans divertissement est un homme plein de misères », disait Pascal (*Pensées*, 137-142) — un malade, imaginaire comme Argan ou réel comme Molière, bien davantage, et le théâtre, ici, semble devoir les divertir tous.

Les personnages

Molière a inventé pour cette pièce, comme il l'avait déjà si sûrement fait pour *Le Tartuffe* puis pour *Les Femmes savantes*, une société *exacte* ; non qu'il soit le moins du monde inspiré par ce qui, au XIXᵉ siècle, se nommera le réalisme ; mais l'esthétique du *Malade imaginaire* qui repose sur des contrastes opposant aux intermèdes et au prologue la pièce elle-même exigeait que l'univers d'Argan fût peint prosaïquement ; et il fallait bien que la folie d'Argan déployât sa courbe ascendante à partir de traits psychologiques et sociaux qui, là encore par contraste, lui servissent de repères normatifs. D'où l'entourage de notre protagoniste.

Angélique, jouée par Armande Béjart, qui avait environ trente ans en 1673, n'a guère qu'une vingtaine d'années dans la pièce ; belle et piquante comme l'était Armande, fort romanesque, elle a subi un coup de foudre où elle veut voir l'intervention du Ciel (I, 4) et tient à se marier au plus vite, quitte à perdre sa fortune (I, 8).

Certes, elle respecte son père et se reprocherait d'avoir en quoi que ce soit attristé sa vieillesse (III, 14), mais elle lui tient tête, elle défend publiquement ce qu'elle croit être son droit au bonheur, elle affronte sa belle-mère et se débarrasse de Thomas Diafoirus aussi énergiquement qu'Henriette se défaisait de Trissotin ; elle accepte de jouer avec son amant la comédie de la leçon de musique ; mieux : elle le reçoit dans sa chambre, il est vrai en compagnie de Louison. Ironique au besoin, ailleurs rêveuse, parfois éloquente, elle plaide, de façon moderne, sa cause, qui est celle de la liberté et de la jeunesse.

Louison était interprétée, en 1673, par la petite Louise Beauval, fille de comédiens de la troupe de Molière, qui n'avait que huit ans. Comme Angélique, fille du premier lit d'Argan, elle a les mots que son âge requiert mais paraît, elle aussi, « moderne », en ce sens qu'elle jouit auprès de son père du statut nouveau que dans les milieux aisés venait de conquérir l'enfance : admise dans l'intimité des adultes, elle semble habituée à désennuyer son père. Digne sœur d'Angélique, elle tente de mentir, puis feint d'être morte ; mais, prise par Argan à son propre jeu, elle est bien obligée d'être à demi sincère. A demi, seulement, car elle ne dit rien, en fait, qu'Argan ne sache déjà, et elle se garde bien de rien dire qui puisse nuire aux amours de sa sœur. « Ah ! il n'y a plus d'enfants » (II, 8).

Toinette, jouée à la création par Mlle Beauval, a dans la pièce de vingt-six à vingt-sept ans (III, 10) ; munie d'un amant en titre, Polichinelle, qui lui donne des sérénades et qu'elle éconduit, capable de tromper son maître comme Béline, insolente et spirituelle à souhait, revenue des amours romanesques (I, 4) mais sensible à l'honorabilité de la maison où elle travaille (I, 5 *in fine*) et dévouée à Angélique, elle a réussi à se rendre indispensable à tous. Plus raffinée que Martine *(Les Femmes savantes)*, moins exubérante que Nicole *(Le Bourgeois gentilhomme)*, elle a sur Dorine *(Le Tartuffe)*, à qui elle ressemble, l'avantage d'être, elle, capable d'agir, et efficacement, pour faire triompher la cause des amants qu'elle protège et les intérêts d'un maître qu'elle sert à son idée.

Béralde, frère cadet sans doute d'Argan, témoin lucide de sa folie, sans illusion sur le compte de Béline, tout dévoué aux amours raisonnables d'Angélique et de Cléante (qu'il semble connaître), se comporte dans notre pièce bien mieux que ne le font ordinairement les « raisonneurs » du théâtre moliéresque : certes, parfait honnête homme comme eux (et à ce titre bien moins « bourgeois » que son frère), il aime et sait discuter sans passion, et propose de sang-froid les solutions que le bon sens requiert. Mais ici, il prend l'initiative d'agir (III, 14 : « Il me vient une pensée. Faites-vous médecin vous-même ») et prépare toute la cérémonie de réception d'Argan, ce dont n'étaient guère capables les Philinte *(Le Misanthrope)*, les Chrysalde *(L'École des femmes)* qui l'avaient devancé. Et surtout, il développe contre les médecins et contre la médecine un discours d'une effrayante rigueur (III, 3), tout illuminé de la tranquille conviction à quoi se reconnaissent, au XVIIe siècle, certains « esprits forts » : « impie en médecine », Béralde est au fait des sentiments intimes de Molière, qu'il semble personnellement connaître, et comme lui semble peu soucieux de scandaliser pas plus qu'il n'entend imposer à quiconque les dures leçons de son expérience. Grâce à lui, on l'a dit, est présent sur la scène un double exact de ce philosophe qu'était, hors de scène et à ses heures, Molière.

Cléante. Son nom, comme celui d'Angélique, renvoie au monde des romans et des beaux sentiments. Jeune en effet, et séduisant, bavard et parfois imprudent, il sait improviser des vers galants, dire vivement sa flamme (II, 5), protester de l'honnêteté de ses sentiments (III, 14). C'est au théâtre qu'il a rencontré Angélique (II, 1) et il a pris sa défense (I, 4) lors de quelque incident. Il est probablement noble, et épouserait Angélique sans dot. Son personnage serait assez commun, si Molière ne lui avait confié la jolie scène de la leçon de musique, dont se souviendra Beaumarchais pour son *Barbier de Séville* (1775).

Béline, seconde épouse d'Argan, jouée probablement en 1673 par Catherine de Brie (qui avait créé le rôle, comparable en noirceur, d'Armande dans *Les Femmes savantes*), se pare pour tout spectateur familier du théâtre moliéresque du prestige d'autres personnages d'hypocrites : Tartuffe sans doute, et aussi Arsinoé *(Le Misan-thrope)*, dont elle est l'héritière. Son notaire, étrange-ment présent dès qu'elle a besoin de lui, se nomme M. de Bonnefoi tout comme l'huissier lié à Tartuffe se nommait M. Loyal. Elle semble avoir conseillé à Argan de se servir de la petite Louison comme d'un espion habituel (II, 8) ; de mystérieuses affaires l'appellent en ville (II, 6) ; et son dessein de faire d'Angélique et de Louison des religieuses ne s'explique que trop bien : dès l'acte I, on apprend que son unique souci est de détour-ner à son profit, et le plus tôt possible, toute la fortune d'Argan qu'elle n'a épousé et ne soigne que par intérêt. Angélique insinue (II, 6) qu'elle court « sans scrupule de mari en mari pour s'approprier leurs dépouilles ». L'oraison funèbre qu'elle tient devant ce qu'elle croit être le cadavre de son époux (III, 12) atteste son exas-pération d'avoir perdu auprès d'un tel être ce qui lui restait de jeunesse. Assez fine pour avoir joué sans faute auprès d'Argan le rôle qu'il souhaitait, celui d'une garde-malade *quasi* maternelle (et elle a pris garde de n'avoir point d'enfants de lui ; *cf.* I, 7), et fort bien entourée d'hommes de loi douteux, elle n'a pas su percer à jour l'hostilité que lui porte Toinette. Molière lui a inventé un nom en rapport avec son caractère : en ancien fran-çais, *bélin* était un double de *bélier*, de *mouton* — la douceur moutonnière de notre bêlante Béline n'est, évi-demment, que feinte.

Monsieur Fleurant, apothicaire, et **Monsieur Purgon,** médecin traitant d'Argan, portent les noms que leur pro-fession exige : M. Purgon, « homme tout médecin, depuis la tête jusqu'aux pieds » (III, 3), fanatique de son art, semble ne connaître (du moins dans le cas d'Argan) d'autre thérapeutique que la purge et le lavement (douze purges et vingt lavements par mois, *cf.* I, 1) ; et l'apo-thicaire qu'il fait spécialement travailler semble devoir, comme son nom l'y porte, aller jusqu'à humer les matiè-res de son malade, pour vérifier si elles « fleurent » bon ou non ! Les **Diafoirus,** quant à eux, sont les praticiens les mieux peints de tout le théâtre de Molière. Il leur a inventé un superbe patronyme : du grec *(dia,* à travers), du latin *(-us),* et, entre deux, *foire,* qui en bon français signifie « flux de ventre » *(cf.* le moderne et argotique : *foireux).* On le voit, pour Molière, point de médecin ou

de pharmacien qui dans cette pièce ne semble profes-
sionnellement voué aux excréments. L'acte II campe
très distinctement le père, éperdument fier de la nullité
de son fils, partisan borné des doctrines les plus rétro-
grades, formaliste et verbeux, et le fils, « grand benêt
nouvellement sorti des écoles », singe savant, admira-
teur naïf de son père, crétin heureux de l'être, grossier
aussi bien dans sa façon éléphantesque de manier une
rhétorique surannée que dans ses prétentions à épouser
sans tarder une femme qu'il convoite. Ces deux personnages, tout-puissants, semblent avoir été créés par
Molière en toute clarté de haine : la fin de la scène 6 de
l'acte II nous donne à voir leur façon de « traiter les
gens dans les formes » : le fils, avec l'effroyable jargon
de la médecine, diagnostique, sous les yeux ravis de son
père, une maladie de la rate — or Argan est soigné par
Purgon pour une affection du foie ! Diafoirus Pater a
réponse à tout : « même chose », puisque tout organe
est en sympathie avec tout autre organe — ainsi Diafoirus Filius n'a pu se tromper. Au reste, les traitements
sont les mêmes : purges et clystères...

Argan. Caractère donnant à la pièce son titre, presque
constamment en scène, joué par Molière, au centre de
l'action puisqu'il y détient l'autorité et que tous les personnages visent à lui arracher quelque chose, objet
majeur de notre curiosité et de nos rires, ce personnage
quasi monstrueux écrase de sa folle puissance tous les
autres. Argan, dont le nom est un double d'Orgon *(Le
Tartuffe)*, malade imaginaire comme l'autre était dévot
imaginaire, est un bourgeois aisé — moins fastueux que
Monsieur Jourdain, moins riche que Chrysale *(Les Femmes savantes)*, il a gardé l'habitude de vérifier les factures qu'on lui adresse (I, 1), il a caché chez lui
20 000 francs-or et 10 000 francs en billets au porteur, et
on le voit donner aux affaires tout le sérieux qu'elles
méritent ; du reste le costume de scène d'Argan tel qu'on
l'a reconstitué était en 1673 fort riche : camisole de
velours pourpre doublée de ratine grise, ornée de rubans
et de bandes de fourrure grise, bonnet bordé de fourrure,
chausses pourpres à boutons d'or. Bourgeois, Argan l'est
aussi par cette robuste vulgarité que Molière aimait à
étaler sur la scène pour amuser à la fois la Cour et le
parterre, et qu'on retrouve chez Harpagon, Chrysale, ou

encore Monsieur Jourdain : ses relations, trop familiè-
res, avec sa servante, sa façon d'exhiber avec complaisance son intimité conjugale, le sans-gêne avec lequel,
par deux fois, il interrompt une conversation pour aller
soulager ses entrailles, sa gaucherie lorsqu'il reçoit, et
jusqu'à ses naïfs aveux d'inculture (III, 14), tout atteste
chez lui un épais prosaïsme. Il doit avoir l'âge qu'avait
en 1673 Molière : cinquante et un ans, et il ne désespère
pas d'avoir d'autres enfants encore (I, 7). Mais, pour
l'heure, il est *malade*. Qu'est-ce à dire ?

Aucun des personnages sensés de la pièce, ni Toinette,
ni Béralde, ne le tient pour tel ; Béline, dans son oraison
funèbre, lui reproche d'avoir été incommode, mais non
pas malade ; Angélique et Cléante ne semblent pas prendre très au sérieux sa maladie. C'est que, même si en
1673 Molière était réellement fort malade, le personnage
qu'il a inventé n'a d'autre maladie que de s'imaginer
tel ; depuis des mois, sinon des années, il a du reste
assez de santé pour n'avoir « point crevé de toutes les
médecines qu'on [lui] a fait prendre » (III, 3). Mais il se
croit, se dit, se veut malade, exige d'être tenu pour un
malade, et organise toute son existence autour de cette
maladie, qui n'est qu'imaginaire. Ce personnage ressemble donc, au départ, à ces fous qui abondent dans le
théâtre baroque, à ces « visionnaires » autour desquels
on monte une bonne (ou mauvaise) farce ; Molière avait
déjà construit plusieurs pièces autour de tels bonshom-
mes, nobles imaginaires (Monsieur Jourdain), dévots
imaginaires (Orgon), époux imaginaires (Arnolphe).

Là où les choses se compliquent, c'est qu'Argan exige
d'être *soigné* — il en a les moyens financiers. Les médecins qui le traitent, incapables (d'autant plus qu'ils sont
sots et fiers de l'être) de soigner ce que presque tout le
xviiᵉ siècle désespère de connaître expérimentalement,
l'esprit, se rabattent sur le corps d'Argan, qu'ils acca-
blent de lavements et de purges. Non sans du reste porter sur son cas un diagnostic revêtu de tout le sérieux
dont était capable la médecine traditionnelle du
xviiᵉ siècle : Argan se croit obstinément malade, il l'est
donc, non pas psychologiquement comme nous le pen-
serions aujourd'hui, mais somatiquement, et M. Purgon, très bon lecteur des traités médicaux de Galien, a
établi qu'Argan souffrait d'une intempérie (déséquilibre)
des humeurs, car sa rate (les Diafoirus disent : le foie)

fonctionne mal ; d'où son mal, la « mélancolie », avec les conséquences psychologiques qu'elle entraîne (insomnie, maux de têtes, nervosité, pessimisme, etc.). Le traitement, fort logiquement, vise à éliminer cet excès d'humeur atrabilaire : pour « vider le fond du sac », on purge, et on proscrit du régime alimentaire tout ce qui favorise la production de bile (vin pur, viandes rouges). Argan est donc parfaitement soigné — parfaitement, selon les critères de la médecine traditionnelle. Mais cette thérapeutique ne résout rien, bien au contraire, car ce n'est pas le corps d'Argan qui est malade, mais son imagination, ce dont ces parfaits médecins ne peuvent convenir. Les gens « raisonnables » qui entourent notre malade en sont réduits à inventer, empiriquement, une anti-médecine, visant, elle, l'imagination déréglée d'Argan. Mais, tout comme Monsieur Jourdain intronisé Mamamouchi demeure aussi fou qu'il l'était au début de la pièce (« Si l'on en peut voir un plus fou, je l'irai dire à Rome », observe Covielle à la fin), Argan lors du *finale* n'offre aucun signe de guérison. A défaut de recouvrer la raison, il s'enfonce, bienheureux, dans l'illusion de faire une triomphale entrée dans le monde auquel sa « fantaisie » aspirait. Toinette observe, peut-être judicieusement, quand Argan est invité à se transformer en médecin : « Voilà le vrai moyen de vous guérir bientôt ; et il n'y a point de maladie si osée que de se jouer à la personne d'un médecin » (III, 14). D'abord parce que les médecins, veut-elle croire, ne sont jamais malades, ensuite parce que devenu médecin lui-même, donc fort d'un savoir tout imaginaire, il sera le mieux à même de l'appliquer à sa maladie, elle aussi imaginaire. Il est donc invité à s'égarer dans l'univers du paraître pur, celui-là même d'un théâtre intérieur que le dernier intermède représente par le théâtre, le vrai, tel que Molière le pratique. Qui sait si son esprit, comme purifié par l'épreuve de l'illusion pure, ne sera pas, un jour, sauvé ?

Demeure une difficulté : pourquoi Argan a-t-il choisi de se croire malade ? Molière ne lève guère le voile sur le passé de son héros, et l'on conçoit que metteurs en scène et commentateurs modernes aient pu multiplier les explications. Indiquons-en quelques-unes. Confiance d'un niais envers la médecine (dont seuls quelques esprits forts, « déniaisés », comme Béralde, démasquent l'imposture), sotte admiration pour les médecins qui, comme dans le cas du fanatisme religieux d'Orgon et de Mme Pernelle, dégénère en aliénation ? Auquel cas la pièce dirait que face à des médecins qui se croient médecins, tout homme finit par se croire malade, et le devient ; on n'est pas loin de Pascal et de ses grands textes sur l'imagination et l'opinion, *regina del mondo*, et l'on peut songer aussi à *Knock* de Jules Romains (1923). Ou alors Argan est-il un snob, à la façon des « curieux » de La Bruyère (*Les Caractères*, « De la mode », § 2, 1691), entêté d'une « science » à la mode, commençant par l'engouement, puis, logiquement, devenant malade, puis médecin ? Ou encore : Argan serait foncièrement paresseux (La Rochefoucauld avait eu, dans ses *Maximes*, en 1664, des remarques d'une extrême profondeur sur ce sujet) et aurait secrètement estimé que la meilleure façon d'abdiquer sa responsabilité, donc sa liberté, était de se muer en malade : dès lors, c'est autrui, les médecins, mais aussi toute une famille tenue de servir le malade, qui vous gouverne, toute votre vie devient végétative, et, mieux encore, votre « moi » se déspiritualise, se déshumanise au point de n'être plus qu'un corps, mol objet qu'on laisse délicieusement fonctionner à sa guise (deux fois dans la pièce Argan va s'acquitter de ses besoins), qu'on laisse envahir de médicaments et de lavements (avec quelle jubilation Argan, en I, 1, n'énumère-t-il pas tous les soins qu'il subit !), qu'on offre sans cesse à autrui (*cf.* II, 6 : « Je vous prie, Monsieur, de me dire un peu comment je suis. »). Un tel Argan évoque alors, plus encore que la tante Léonie du début de la *Recherche du temps perdu*, les malades si lâchement soumis à leur mal qui hantent les couloirs du sanatorium de *La Montagne magique*, de Thomas Mann. Autre hypothèse : Argan serait méchant, ou le serait devenu, et exploiterait sa « maladie » pour régner cruellement sur son entourage — Béline semble le penser, et, de fait, il a des mots assez atroces : « Comment puis-je faire, s'il vous plaît, pour lui (à Béline) donner mon bien, et en frustrer mes enfants ? » (I, 7). La Rochefoucauld, dans ses *Maximes*, avait bien indiqué les multiples personnages que peut jouer « l'amour-propre », cet attachement forcené à soi dont l'égoïsme est une manifestation. Le rôle de malade permet, en effet, de soumettre chacun à ses caprices, de les humilier (« Mon lavement d'aujourd'hui a-t-il bien opéré ? », I, 2), de ruiner leur liberté. Mais d'autres traits d'Argan ont autorisé ses modernes interprètes à le jouer différemment : Argan en effet exige de Béline qu'elle le dorlote, le choie, le pouponne, et sa familiarité avec Toinette comme sa promptitude à se placer au niveau de Louison vont bien dans le même sens : père immature, époux puéril, maître trop bon enfant, il n'aurait rien trouvé de mieux pour satisfaire son besoin profond d'infantilisme que la condition de malade, la seule qui permette décemment (?) à un adulte de vivre (de revivre?) en deçà de son âge. Peut-être même faut-il voir dans la maladie imaginaire d'Argan le stratagème ultime qu'élabore une conscience qu'épouvantent la vieillesse et la mort : s'installer dans l'état de malade et s'y complaire, c'est « se crever agréablement les yeux » (Pascal) sur le terme de toute vie ; ici, certains critiques insistent sur le mot, peut-être épouvanté, d'Argan : « N'y a-t-il point quelque danger à contrefaire le mort ? » (III, 11), et observent qu'il s'est terré chez lui, dans l'espace clos d'une chambre qu'il arpente, dans le temps artificiel d'une cure que rythment les traitements, dans l'abstraction de techniques et de jargons médicaux — mauvaise foi de vieillard, que raillera admirablement La Bruyère dans son portrait d'Irène (*Les Caractères*, « De l'Homme », § 35, 1694).

De telles variations dans le sens qu'on peut chercher (et trouver) au comportement d'Argan témoignent, en tout cas, de la prodigieuse richesse du personnage, richesse que dans sa préface Jean Le Poulain fait admirablement ressortir. C'est que Molière avait sans doute quelque raison de conférer profondeur à un être qui lui était occasion de traiter de la médecine.

La médecine dans Le Malade imaginaire

Souvent déjà dans son œuvre, Molière avait raillé les médecins. La double tradition de la farce française et de la *Commedia dell'arte* l'y autorisait. D'où, dans *Le Médecin volant* (mais la pièce est-elle bien de Molière ?), quelques *lazzi* et un peu de latin de cuisine. Dans *L'Étourdi* et *Le Dépit amoureux*, il commence à utiliser le schéma, banal, de la maladie *feinte*, lequel appelle le personnage, non moins usuel, du *faux* médecin. Le Sga-

narelle du *Médecin volant* se déguisait en médecin ; il en
va de même du Sganarelle de *Dom Juan* (III, 1), de
Clitandre dans *L'Amour médecin* (III, 3-8), de Sganarelle
encore dans *Le Médecin malgré lui*. Belle occasion de
s'amuser, car un niais ou un imposteur, vêtu de la longue robe noire, se met grâce à un peu de latin et de
jargon médical à paraître plus vrai encore qu'un véritable médecin — au théâtre, l'habit fait le moine. De
« vrais » médecins apparaissent aussi sur la scène moliéresque : ainsi, dans *L'Amour médecin*, MM. Tomès,
Des Fonandrès, Macroton, Bathys et Filerin, personnages transparents pour le public de 1665 qui reconnaissait
sous les quatre premiers pseudonymes de très réels médecins, Daquin, Des Fougerais, Guénaut, Esprit ; cette
pièce réglait durement des rancunes que Molière nour-
rissait envers ses propres médecins, incapables de le guérir de sa « fluxion » — et les railleries fusaient : ignorants autant que cupides, incapables de s'entendre entre
eux, jargonnants et pontifiants, tout juste bons à faire
mourir leurs patients, etc. Ces quolibets révélaient sans
doute de la part de Molière quelque esprit de vengeance ; surtout, ils lui permettaient d'élargir sa vision
comique et de charger, outre les fâcheux et les précieux,
les cocus et les coquettes, les marquis et les dévots, les
pédants et les snobs, un nouveau corps social, les médecins. Le jeu d'universelle dérision qu'est, par essence
même, toute comédie, était ainsi poussé plus avant ;
Molière pouvait fonder moralement ses attaques contre
les médecins sur toute la tradition sceptique européen-
ne : faire figurer les médecins dans le carnaval des fous,
c'était en effet porter sur la scène des êtres dont Érasme
(*Éloge de la folie*, 1509), Rabelais, Montaigne (*Essais*, II,
ch. 37), La Mothe le Vayer, et bien d'autres, avaient
flétri le pseudo-savoir et démasqué l'imposture. Pourtant, un personnage de *L'Amour médecin*, M. Filerin,
tenait un discours étrange ; il invitait ses confrères à
soigneusement s'envelopper de mystère : « Puisque le
Ciel nous fait la grâce que, depuis tant de siècles, on
demeure infatué de nous, ne désabusons point les hommes avec nos cabales extravagantes, et profitons de leur
sottise le plus doucement que nous pourrons. Nous ne
sommes pas les seuls, comme vous savez, qui tâchons à
nous prévaloir de la faiblesse humaine... » (III, 1). Cette
hypocrisie résolue de toute une société décidée à exploi-

ter la crédulité humaine fait furieusement penser à cette
autre hypocrisie, celle des faux dévots, des Tartuffe, des
Dom Juan ou des Arsinoé. Au reste, dans *Dom Juan*
(III, 1), Dom Juan avait contre les médecins les mêmes
mots que contre les dévots : *grimace*. Il semble bien que
la critique que Molière a proposée des faux dévots se
soit orientée, après les interdictions du *Tartuffe* et de
Dom Juan, contre cette autre sorte de charlatanisme, et
qu'un peu de sa haine pour les dévots se soit portée vers
les médecins.

Mais il faut voir que, dans *Le Malade imaginaire*,
aucun praticien n'est un imposteur — tous *croient*,
comme leur patient, en l'excellence de leur art, et
M. Purgon n'hésite pas à perdre, au nom des principes,
la clientèle d'Argan, pourtant « bonne vache à lait »
(I, 2) qu'un charlatan eût pu indéfiniment exploiter. C'est
que la satire de Molière se fait, en 1673, plus dure encore : les médecins, tels que la pièce les présente (et les
discours de Béralde obligent le public à généraliser), ne
sont même plus capables de cynisme et de mensonge,
mais, aussi sots que leurs misérables victimes, ils s'imaginent médecins. Pour Molière, en 1673, l'humanité s'est
encore davantage enfoncée dans l'imbécillité : un docteur Knock ne saurait se présenter chez Argan, mais
seulement des ânes, prétentieux et nuls comme le seront
les trois médecins balzaciens, Brisset, Maugredie et
Cameristus, qui examineront Raphaël dans *La Peau de
chagrin*, et surtout brutaux, plus dangereux encore que
les charlatans : on pense alors aux sanglants praticiens
du roman de Léon Daudet, *Les Morticoles* (1894), ou
encore à tous ces ineptes bouchers de la médecine mili-
taire que les littératures libertaires ont dénoncés.

Molière va plus loin encore. Béralde a raison de dire
de lui : « Ce ne sont point les médecins qu'il joue,
mais le ridicule de la médecine » (III, 3). Car la pièce,
grâce à cet entretien qui occupe la scène 3 de l'acte III,
impose aux spectateurs des conclusions autrement radicales : certes, les Diafoirus et M. Purgon sont de tristes
sires, et jamais ils ne guériront Argan ; ils ne sont bons
qu'à « expédier », « de la meilleure foi du monde »,
c'est-à-dire qu'ils tuent. Certes, leur prestige ne tient
qu'à notre crédulité, et leur art n'est que rhétorique
creuse, mots et promesses et non raisons et effets. Mais
la critique du XIXᵉ siècle, et de nos jours encore certains

commentateurs (et non des moindres : A. Adam,
P. Clarac, par exemple) ont voulu croire que les attaques de Molière contre la médecine cessaient là ; le
moliérisme du siècle dernier voulait que son grand
homme fût en tout admirable, d'où la constitution d'un
Molière passablement mythique, tenant du juste milieu,
positif sinon positiviste, progressiste et laïque ! Et il fallait bien que ce Molière, maître à penser des bourgeois
de la IIIe République, ne condamnât point les Claude
Bernard et les Pasteur ; on a ainsi interprété (tendancieu-
sement) notre pièce, et l'on a fait valoir que Diafoirus
condamnant la thèse de Harvey sur la circulation du
sang (II, 5) et invoquant sans cesse l'autorité des
anciens, Molière par contrecoup ne pouvait qu'être partisan de la médecine moderne. On a même spéculé sur
deux mots d'une réplique de Béralde pour faire accroire
que Molière appelait de ses vœux une renaissance de la
médecine et qu'il ouvrait le champ du progrès : en effet,
Béralde répond à Argan qu'un homme ne peut en guérir
un autre « par la raison, mon frère, que les ressorts de
notre machine sont des mystères, jusques ici, où les
hommes ne voient goutte... » (III, 3) — *jusques ici* signi-
fierait : *jusqu'à présent*, comme si Béralde, *in petto*, éta-
blissait une distinction entre vieille et mauvaise médecine d'une part, et, de l'autre, nouvelle et bonne médecine. La Préface du *Tartuffe* allait bien en ce sens : « Il
n'y a chose si innocente où les hommes ne puissent
porter du crime, point d'art si salutaire dont ils ne soient
capables de renverser les intentions, rien de si bon en
soi qu'ils ne puissent tourner à de mauvais usages. La
médecine est un art profitable, et chacun la révère
comme une des plus excellentes choses que nous ayons ;
et cependant il y a eu des temps où elle s'est rendue
odieuse, et souvent on en a fait un art d'empoisonner les
hommes. » Mais cette déclaration (qui du reste entre
dans tout un système fort spécieux de défense) date de
1669. En 1673, Béralde ne dit rien de tel ; il eût pu,
comme le faisait Cléante dans *Le Tartuffe*, établir à
l'usage d'Argan et au nôtre de soigneux *distinguos*, et
opposer vraie et fausse médecine : il n'en fait rien. Pis :
son rôle offre ailleurs des passages, accablants pour les
tenants d'un Molière progressiste, où toute médecine,
sans l'ombre d'une nuance, est récusée ; et la réplique
que nous citions sur ces mystères où les hommes ne

voient goutte se poursuit immédiatement par : « ... la nature nous a mis au-devant des yeux des voiles trop épais pour y connaître quelque chose ». *Jusques ici* signifie, hélas ! *ici-bas*. Rien dans les propos de Béralde ne laisse supposer que nous puissions, progrès ou pas, soulever ces voiles trop épais. « Que faire quand on est malade ? — Rien. » C'est-à-dire : laisser faire la *nature*, puisque nous sommes incapables de la connaître, partant de l'aider ; la moindre intervention aggraverait le mal, et nous jetterait dans l'« inquiétude » et l'« impatience ». Pour Béralde, la seule médecine efficace serait donc la vertu, peut-être une vertu de type stoïcien (on se souvient de leur devise : *Sustine et abstine*, « Supporte et abstiens-toi ») : ne rien tenter, ne rien imaginer, mais, lucidement, regarder son mal et, à force de tranquillité d'âme, contribuer, si faire se peut, à sa disparition ; ce que fait, selon lui, un Molière qui n'a « justement de la force que pour porter son mal ». On le voit, toute médecine se trouve éliminée, par principe, au profit d'une sagesse — peut-être d'un héroïsme. Dont on se doute que peu d'hommes sont capables, puisqu'il faut prendre le risque de « regarder les choses en philosophe ». Béralde rompt ainsi, paisiblement, avec les médecins, quels qu'ils soient, et avec tous ceux qui les suivent, c'est-à-dire « tout le monde » et « tous les siècles ». En nous, la nature se dérange, puis « se tire doucement du désordre où elle est tombée », et cette même nature n'a pas voulu que nous y comprenions quoi que ce soit ; tout le reste est erreur populaire, faiblesse humaine, imaginations, idées, roman, prévention ou passion. « Il ne faut que demeurer en repos », dit encore Béralde. Dans le roman attribué à Mme de Lafayette, la princesse de Clèves, elle aussi, en vient, au terme d'un itinéraire où elle a perdu toutes ses illusions, à fonder son ultime choix, la retraite, sur ce mélancolique « intérêt de [son] repos » : pour elle, comme pour Béralde (et Molière), « c'est assez d'être » (Segrais attribuait ce mot à Mme de Lafayette). Molière pouvait-il pousser plus loin le scepticisme ?

Le travail de l'écrivain

« De toutes les pièces de Molière, c'est décidément *Le Malade imaginaire* que je préfère ; c'est elle qui me paraît la plus neuve, la plus hardie, la plus belle — et de beaucoup. Si cette pièce était un tableau, comme on s'extasierait sur sa *matière*. [...] Chaque phrase est telle que l'on n'en pourrait changer, sans l'abîmer, un mot. Elle atteint sans cesse une plénitude admirable ; musclée comme les athlètes de Puget ou les esclaves de Michel-Ange et comme gonflée, sans enflure, d'une sorte de lyrisme de vie, de bonne humeur et de santé... » (André Gide, *Journal*, 1er juillet 1941).

Avec Gide, osons parler, pour cette pièce, de lyrisme. Certes, Molière a eu le souci de confier à chaque personnage le langage, vocabulaire, syntaxe, débit et ton, le plus apte à signifier au spectateur son statut social et les dispositions, constantes et momentanées, de son caractère : les trivialités et les prosaïsmes abondent chez Argan, les jeunes premiers usent des superlatifs emphatiques et des termes abstraits que la préciosité avait consacrés dans la galanterie, et les médecins s'expriment de façon pédantesque en français, et barbare en latin. Ce qui rend chaque personnage « vraisemblable ». Mais le dialogue, dans cette pièce, est comme aérien, ce qui est en soi surprenant dès lors qu'on se souvient que les préoccupations des uns et des autres, dans cette famille bourgeoise, gravitent autour d'un malade, ce qui est pour le moins commun ; nous sommes pourtant à cent lieues de tout « réalisme ». D'abord, Molière a confié aux uns et aux autres des mots heureux, des pirouettes verbales fort plaisantes :

BÉLINE. Il n'y a rien qui enrhume tant que de prendre l'air par les oreilles (I, 6).

POLICHINELLE. Ah ! messieurs, ma pauvre tête n'en peut plus, et vous venez de me la rendre comme une pomme cuite (1er Intermède).

THOMAS DIAFOIRUS. Je vous invite à venir voir l'un de ces jours, pour vous divertir, la dissection d'une femme (II, 5).

LOUISON. Là, là, mon papa, ne pleurez point tant ; je ne suis pas morte tout à fait (II, 8).

MONSIEUR PURGON. Un clystère que j'avais pris plaisir à composer moi-même (III, 5).

TOINETTE. Ah ! ah ! Le défunt n'est pas mort (III, 12).

Mais, outre ces simples endroits, qui permettent des effets comiques ponctuels, on observe que c'est tout le langage de nos personnages qui, stylisé, acquiert un rythme *quasi* musical, comme si les vers libres du prologue et des intermèdes avaient contraint la prose de la comédie à se modeler sur eux. L'analyse stylistique des grandes tirades de la pièce le prouve à l'évidence : le grand monologue d'Argan (I, 1) est rythmé, et par les chiffres qui défilent (décompte des jours et vérification de l'addition), et par l'alternance régulière des citations qu'Argan fait de la belle prose de M. Fleurant (« Plus... plus... plus... ») et des commentaires complaisants qu'il en fournit. Le notaire (I, 7) se laisse griser devant l'immensité du champ que la loi ouvre à la fraude (« Comment vous pouvez faire ? Vous pouvez... Vous pouvez encore... Vous pouvez aussi... »). Et quelle ferveur, aussi bien dans l'éloge de Thomas par son père (II, 5) que dans l'invention par Cléante d'un *scénario* d'opéra ! Quelle éloquence aussi chez Béralde, quand il dit son impiété médicale ou dépeint M. Purgon (III, 3), et même chez Angélique quand elle s'oppose à Béline (II, 6), ou chez cette dernière quand elle tient l'oraison funèbre de son époux (III, 12) ! Comme si chacun de ces personnages non seulement savait parler, mais encore s'écoutait parler, pour jouir, en même temps que nous, de belles constructions oratoires. Cela est encore plus vrai des scènes d'affrontement verbal, construites *crescendo*, avec un parti pris très remarquable de variété : dialogue de sourds entre Polichinelle et les archers du guet, questionnaire en cinq temps et triple serment lors du *finale*, jeu d'interruption systématique d'Argan par Toinette (I, 2), de Polichinelle par les violons, cacophonie à trois (II, 5, début), dialogue ponctué de refrains (« mon papa », II, 8), discours fragmenté et ponctué d'exclamations (III, 5), retour obsédant de leitmotive (« Le poumon », « Ignorant » en III, 10).

Bien d'autres formes encore sont employées par Molière pour faire danser la prose que disent ses héros ; même, comme dans son théâtre le plus poétique *(La Princesse d'Élide, Le Sicilien ou l'Amour peintre)*, des vers se cachent dans cette prose : « Ô Ciel ! quelle infortune ! quelle atteinte cruelle ! », Ô Ciel ! quel accident ! quel coup inopiné ! » s'exclament, tels des apprentis tragédiens, les deux jeunes premiers confrontés à un mort pour rire. Bref, partout se rencontrent des rythmes, et aussi des séquences sonores, qui transforment ces entretiens en ballets verbaux, fort accordés aux danses des bergers, des zéphyrs et des faunes, des violons et des archers, des bohémiens et des singes, des tapissiers et des médecins. Même le latin de Molière offre des rimes, et son français chante : « ... pour balayer, laver et nettoyer le bas-ventre de Monsieur... » (I, 1), « ma femme, mamie, mon cœur, m'amour... » (I, 6), « bradypepsie, dyspepsie, apepsie, lienterie, dysenterie, hydropisie, privation de la vie » (III, 5), « du bon gros bœuf, de bon gros porc, de bon fromage de Hollande, du gruau et du riz, et des marrons et des oublies » (III, 10).

Ces personnages volubiles, Molière a jetés les uns contre les autres d'une façon bien particulière. Certes, une intrigue est ménagée, les vraisemblances dramatiques sont à peu près sauves, et la structure de la pièce offre le dispositif géométrique de divertissements en abyme ; pourtant, on doit noter que Molière, qui avait donné une pièce éminemment classique par sa régularité avec *Les Femmes savantes*, a pris ici le parti de la désinvolture envers les règles : point d'unité de temps, avec cette intrigue étalée sur deux journées, multiplication des lieux, et surtout entrées et sorties fort arbitraires des personnages ; Angélique se présente comme par hasard (I, 3), Béralde, dont on ignorait jusqu'à l'existence, arrive inopinément (II, 9), tout comme M. Fleurant (III, 4), M. Purgon (III, 5) et Cléante (III, 14). On remarque du reste que les entrées et sorties des personnages sont très souvent spectaculaires, comme si Molière avait tenu, contre la vraisemblance psychologique qui conduisait à peindre Argan, malade, claquemuré chez lui, à ménager partout des effets de mouvement : c'est le cas, évidemment, à la fin lorsque la scène se surpeuple, mais aussi lors de l'acte I où Argan, d'abord seul, voit venir à lui Toinette, puis Angélique, puis Béline, puis le notaire ; de même à l'acte II la scène se remplit progressivement ; théâtrales à souhait, aussi, les sorties intempestives d'Argan, les entrées des praticiens, et surtout celle de Toinette déguisée en médecin. D'où, autour d'Argan, un mouvement très vif, certes propre à le pousser plus avant dans la folie et le ridicule, mais qui autorise à sous-titrer cette pièce, comme Beaumarchais le fera pour *Le Mariage de Figaro*, « une folle journée ». Contribue également à cette légèreté fantasque la disposition assez particulière des scènes, juxtaposition de *sketches* où s'illustre à chaque fois un comédien privilégié : il en va ainsi pour les acteurs des intermèdes, évidemment, mais aussi pour le notaire, les Diafoirus, Louison, M. Fleurant et M. Purgon, qui n'ont tous droit qu'à une seule apparition. Ce qui a pour effet de rendre plus sensibles encore les disparates que Molière a ménagées partout, et de nous suggérer que l'action est à rebondissements. Ainsi étourdi, Argan, et avec lui le spectateur, peuvent s'exclamer : «Ah ! que d'affaires ! je n'ai pas seulement le loisir de songer à ma maladie» (II, 8).

D'où un comique très riche, et, si l'on peut dire, multiple. D'abord, nous rions presque constamment d'un rire qui se déchaîne contre les personnages et les valeurs que la pièce nous oblige à leur associer ; et nous rions d'autant plus volontiers que, sur scène, de «bons» personnages, avec qui nous sympathisons, Toinette, les jeunes premiers, Béralde, légitiment par leurs réactions propres et leurs discours la condamnation que nous portons contre les «mauvais» personnages, ridicules. Médecins, apothicaires, notaires se trouvent évidemment sanctionnés, et avec eux la médecine, la fraude légale, le formalisme et le traditionalisme sous toutes leurs formes. Béline et l'hypocrisie, heureusement démasquées, se voient réprouvées. C'est Argan surtout qui est le «plaisant» de la farce, et en lui nous nous moquons de la «maladie des médecins», des amours séniles, de l'égoïsme, de la grossièreté bourgeoise. Les jeunes premiers aussi, et Louison, donnent à sourire, en raison de leur étourderie et de leur candeur ; Béralde, qui perd son temps à tenter de raisonner avec son frère, peut aussi subir notre sourire. A ce rire, qu'avec René Jasinski on peut nommer rire de satire, s'ajoute un rire bien différent, de bonne humeur, qui, ici, va jusqu'à l'euphorie, et qui, pour peu que la pièce soit correctement montée, c'est-à-dire intégralement représentée (avec ses intermèdes et sa musique), l'emporte à notre sentiment. En effet, Molière nous entraîne, dès le Prologue, dans le monde heureux du jeu : si nous étions tentés de l'oublier, trop sensibles par exemple à la gravité des déclarations de Béralde, les musiques et les danses nous rappelleraient que *Le Malade imaginaire* est bien une comédie-ballet, un spectacle pour rêver et pour rire où se succèdent bergers de pastorale, prosaïques bourgeois de 1673, bohémiens et singes. « Le carnaval

autorise cela » (III, 14). Pour que rien ne compromette
la fête, Molière a comme cassé le sérieux où il donnait,
lors de la grande conversation entre Argan et Béralde
sur la médecine, par un gag très efficacement drôle,
l'irruption imprévue de deux fâcheux, M. Fleurant la
seringue à la main, puis M. Purgon en fureur. Et tout le
finale, si endiablé (« le poumon » - mort et résurrection
d'Argan - accordailles des amants - remise du doctoral
bonnet), nous entraîne résolument du côté de la gaieté.
Mais ce qu'il faut dire, c'est que *Le Malade imaginaire*,
qui doit pourtant tellement à la farce et à la *Commedia
dell'arte*, a ceci de particulier que nos sentiments d'euphorie, ici, sont bien plus complexes et mouvants que
cette bonne grosse satisfaction qui naît usuellement de la
farce : c'est que *Le Malade imaginaire* est bien une
« comédie plénière » (R. Garapon), une somme comique : ainsi, nous nous attendrissons devant les naïves
amours d'Angélique et de Cléante, nous rêvons quand le
petit opéra en prose et vers inventé par Cléante (II, 5)
ou le second intermède disent si joliment le triomphe de
l'amour ; nous nous laissons griser par le rythme irréel
de certains dialogues (« Oui, mon papa », « Non, mon
papa ») ; ou encore nous prenons le risque exquis de
rapides dépaysements, la pièce nous menant, grâce à ses
disparates et à ses ruptures de ton, où elle veut, vers la
pastorale, la farce, la comédie d'intrigue, le ballet,
l'opéra ou le débat philosophique. Notre culture elle-
même est comme flattée, non seulement par la fantaisie
verbale de Molière qui invente pour ses Diafoirus une
rhétorique de plomb, ou encore un savoureux latin ma-
caronique, mais encore par cet effet de distanciation qui
veut que dans cette pièce l'on parle, comme par hasard,
du théâtre de Molière (III, 3) ; et c'est notre intelligence
enfin qui, quelles que soient nos convictions quant à la
médecine, est conviée à jouir de la qualité du dialogue,
menus ballets de répliques, joutes rapides, ou lents et
beaux affrontements (III, 3), somptueusement écrits. Le
tout se conjuguant pour nous étourdir délicieusement.
Fantaisie, et des plus raffinées, *Le Malade imaginaire*
l'est encore, paradoxalement, par sa trame farcesque ;
a-t-on assez mesuré de quelle sorte de farce il s'agit ici ?
Cocu, battu et content, tel est le statut usuel du « plaisant » de nos farces. Mais Argan est bien davantage et sa
maladie imaginaire a une tout autre qualité que l'ordi-

naire et très réjouissante niaiserie. Notre pièce met tellement en évidence et en valeur son fauteuil de malade, sa canne de malade, sa chaise percée, son traitement et ses malaises qu'Argan devient une sorte de gros corps, monstrueusement encombrant, machine à recevoir clystères et purges, à expulser excréments et vents, entrailles brutes et comme à l'état pur (si l'on peut dire !). Dès la première scène, le personnage acquiert cette dimension surréelle, qui sera celle du père Ubu avec sa fameuse première réplique, et celle aussi du Rhinocéros ou d'Amédée chez Ionesco ; à deux reprises dans le texte (I, 5 et III, 2), Toinette emploie, au simple sens de « comique » le mot *burlesque* ; il prend pourtant ici une plus ample signification : bourgeois pour rire, malade pour rire, père et époux pour rire, Argan devient un corps absurde, tantôt malmené, tantôt pouponné, en une pièce construite autour de lui exclusivement. Folle mise en scène du corps, *Le Malade imaginaire*, dont les délicats déplorent la scatologie, revêt par là même une exaltante et puissante gaieté, celle-là même dont étaient capables Aristophane ou Rabelais ; dans nos énormes éclats de rire, nous ne nous contentons pas de railler Argan et ses médecins, nous acceptons aussi d'entrer dans le pays, « plus heureux que sage », de cette « imagination burlesque » (III, 2) : là, on compte les grains de sel qu'on met dans les œufs, on pense à « balayer, laver et nettoyer » son bas-ventre, on prend plaisir à composer un clystère, on se fait crever l'œil droit pour voir plus clair du gauche. Là, « toute sottise devient raison » (III, 14) : raison, c'est-à-dire déraison, mais bonheur.

L'œuvre et son public

Après avoir ainsi bravé sa propre maladie et ses ennemis par la production d'un chef-d'œuvre comique, Molière meurt. La troupe, désemparée, reprend néanmoins la pièce, et avec succès : le 3 mars 1673, La Thorillière, vieux compagnon de Molière (il avait joué dès la première *Les Précieuses ridicules*), reprend le rôle d'Argan ; le roi ne vit *Le Malade imaginaire* que le 21 août 1674, à Versailles, dans un luxe prodigieux. Mais Molière n'était plus. Dès après sa mort, on demanda à Charpentier une musique plus réduite, un second prologue très bref et plus sobre : c'est que l'on n'osait plus braver

Lulli, plus décidé que jamais à user du monopole qui l'autorisait à être le seul à pouvoir en France jouer des comédies-ballets et des opéras, et que l'on songeait à réduire les frais de représentation. Ainsi s'amorce très tôt l'histoire des trahisons dont la pièce de Molière n'a guère cessé d'être la victime. En effet, à la fois pour d'évidentes raisons matérielles (musiciens, décors, danseurs, figurants et costumes coûtent cher) et pour des raisons de goût (un certain néo-classicisme s'offense de la richesse luxuriante des comédies-ballets), l'habitude fut vite prise de jouer notre pièce sans son prologue ni ses intermèdes, à l'exception du seul *finale* qui, lui, semblait plus substantiellement associé à la pièce elle-même. D'où un appauvrissement de la pièce, mais, plus grave, une adultération de son sens. Privée de sa musique, de ses parties dansées, de ses effets de changements de décor, la pièce se mit à ressembler à un drame domestique, sinon à un drame bourgeois, du genre des *Femmes savantes* ; faute de se souvenir que dans *Le Malade imaginaire* il y a une ritournelle sur laquelle dansent des bergers galants, ou encore les sauts de singes savants, ou encore un acteur (Polichinelle) qui chante « Plin, tan, plan. Plin, plin... », on en vient à croire qu'elle a les couleurs sombres d'une étude de mœurs, voire le sérieux d'une peinture de caractères.

Maurice Descotes l'a bien montré, « tous les problèmes d'interprétation du *Malade imaginaire* sont déterminés par la coïncidence de la mort de Molière et de la création de la pièce ». Si La Thorillière, puis les acteurs de la Comédie-Française du XVIIIe siècle ont su camper l'Argan plein de santé que le texte impose, et jouer la pièce avec ses divers ornements, non sans utiliser toujours le fameux fauteuil de Molière que l'on voit, aujourd'hui encore, dans le foyer du Théâtre-Français, il appartenait au « stupide XIXe siècle » (l'expression est de Léon Daudet) d'inventer sur cette pièce comme sur d'autres de Molière les plus étranges contresens. C'était le temps du moliérisme et de la critique biographique, et l'on voulait à tout prix retrouver l'homme dans l'œuvre : en l'occurrence, il fallait que *Le Malade imaginaire* fût une œuvre qui reflétât l'agonie de Molière : d'où de gravissimes mises en scène, avec un Argan réellement malade, donc pitoyable et non ridicule ; c'est ainsi que le jouait Jean Provost, entré au Théâtre-Français en 1835, personnalité fort originale qui, soutenue par une bonne partie de la critique, se fit une spécialité de jouer au tragique quantité de rôles moliéresques : il rendait Arnolphe admirable, Harpagon émouvant et Argan sympathique ! C'était aussi le temps de la Psychologie, et l'on voulait que Molière fût psychologue : dans ses pièces, il peignait non des caractères comiques, mais des « types », et Argan se devait d'être le fruit d'une patiente étude clinique : la pièce, dès lors, devenait le drame d'un malade, d'un vrai malade, et tous les Bouvard et Pécuchet du public, dûment instruits par Brunetière et Sarcey, compatissaient devant de telles épreuves... Mieux encore : c'était le temps où Molière était devenu un auteur scolaire : il fallait donc que la pièce fût instructive et, à ce titre, « classique » — d'où sa réduction à un drame en trois actes, construit autour d'une étude psychologique, aboutissant à l'exposé de thèses relatives à la médecine. Vers la fin du siècle, Coquelin cadet, puis Antoine (en 1912) réagirent contre cette morosité, et jouèrent des Argan cocasses, follement gais. Par gageure, Gaston Baty s'amusa à monter un *Malade imaginaire* terrifiant de gravité. Depuis, de grands comédiens, Daniel Sorano, Jacques Charon, Louis Seigner, d'autres encore, ont joué Argan, chacun à sa façon, tous préoccupés de donner à rire autant qu'à penser, et soucieux de respecter la théâtralité très accentuée du *Malade imaginaire*. La Télévision, à son tour, a filmé *Le Malade imaginaire* (O.R.T.F., 1971, réalisation de Claude Santelli). Observons encore que, hors de France, *Le Malade imaginaire* est l'une des pièces de Molière les plus volontiers représentées et étudiées. Dès lors, il serait sot de déplorer que les interprétations des acteurs et metteurs en scène aient oscillé, depuis 1673, entre la franche (voire grossière) gaieté et la gravité, selon qu'on décidait qu'Argan était, ou non, Molière à l'agonie, et selon qu'on croyait, ou non, qu'Argan était réellement malade : que prouve, en effet, une telle latitude, sinon que la pièce, résolument théâtrale, et non pas seulement *texte*, continue de s'offrir à nous, féerie ouverte où notre liberté et notre culture peuvent s'engouffrer, où nos fantaisies peuvent se déployer, et notre intelligence jouer avec la maladie, la médecine, la mort. Argan avait raison de dire (II, 5) : « Les sottises ne divertissent point. »

Dramaturgie

Divertissement, au plus riche sens du mot, *Le Malade imaginaire* n'est pas près de disparaître de nos théâtres. Nous avons dit que cette pièce, si peu académique par ses disparates, par son comique, par la brutale puissance de ses personnages, par son ambition même d'être un spectacle total, nous imposait la pensée que le « dernier Molière » (R. Garapon) valait largement le dramaturge « classique » que toute une tradition française a, non sans raison, consacré. Insistons sur quelques-uns des mérites dramaturgiques de cette œuvre.

Il faudra vérifier, en premier lieu, comment Molière, qui ne respecte ici ni les unités de temps et de lieu, ni, plus importante en fait, l'unité de ton, a néanmoins conféré à sa pièce une belle solidité : suite de *sketches,* défilé de personnages venant chacun faire son numéro, *Le Malade imaginaire* s'organise pourtant autour d'un maître personnage, Argan, et, *crescendo,* nous oblige à entrer toujours plus avant dans la découverte de sa folie. On observera ici comment les intermèdes sont de plus en plus étroitement associés à l'intrigue, comment les diverses composantes de l'intrigue (l'obsession d'Argan, les visées de Béline, les amours d'Angélique) sont de plus en plus resserrées, comment les entretiens sur la médecine et les médecins se font de plus en plus profonds, comment, enfin, Argan occupe de plus en plus vigoureusement la scène : presque symboliquement, cet homme qui, au début de l'action, est seul, assis, débraillé, réduit à monologuer, finit sa carrière théâtrale triomphalement acclamé par *quarante-six* figurants !

En second lieu, il faudra dire à quel point Molière, « homme de théâtre » jusqu'au bout (R. Bray), a respecté les acteurs qu'il associait à lui-même dans cette comédie. Certes, le rôle d'Argan, le plus lourd, est magnifique ; mais, pour autant, chacun a également le droit de revêtir un « caractère » psychologique et social, de jouer un rôle dans l'intrigue, de fournir sa contribution à la signification globale de la pièce. Mieux : chacun a sa part d'effets comiques et spectaculaires. On notera ici comment Molière compose ses grandes scènes : à la scène 5 de l'acte II, par exemple, si les Diafoirus au début s'associent indistinctement à Argan en de ridicules salutations, très vite Thomas acquiert un éclat individuel, puis il est relayé par son père, jusqu'à ce que Cléante, seul puis en duo avec Angélique, captive notre attention ; les personnages ainsi se succèdent, pour notre plus grande joie.

Remarquable aussi nous paraît l'adresse avec laquelle Molière tire parti des *choses* : cette pièce, contrairement à bien d'autres du XVIIe siècle, requiert quantité de décors, de costumes et d'accessoires ; on en fera l'inventaire : le fauteuil, évidemment, mais aussi un bâton, un luth, un clystère, un bonnet, et même des singes ! Théâtre très visuel donc, et du reste très proche de la tradition farcesque (bataille d'oreillers, gags et *lazzi*, etc.), *Le Malade imaginaire* tourne de surcroît autour de cette chose qu'est le corps prétendument malade d'Argan. Pourtant, un texte est là, dont nous avons tenté de dire la qualité poétique, et la pièce tout entière ne laisse pas de poser au spectateur, une fois le rideau tiré, de graves questions. On en devra conclure qu'une des moindres qualités de cette œuvre est de fournir la preuve qu'il n'y a pas lieu de distinguer, ou d'opposer, comme on l'a si souvent fait, théâtre visuel et théâtre littéraire, spectacle et texte.

Semblablement, on tentera de mesurer comment Molière parvient ici à respecter les « bienséances » qu'il y avait lieu, sous Louis XIV, et même dans le genre comique, de ne pas trop heurter. *Le Tartuffe*, déjà, avait prouvé son tact à traiter de certains sujets scabreux (l'adultère). Ici, la grossièreté, inhérente au sujet même de la pièce, réussit à n'être ni sordide, ni vulgaire ; les personnages ne sont que très fugitivement odieux ; surtout, la bouffonnerie médicale évite la scatologie. Une anecdote témoigne bien de cette adresse de Molière, qui aurait dès les premières représentations modifié une réplique trop crue de Béralde à M. Fleurant (III, 4). Béralde disait : « Allez, Monsieur, on voit bien que vous avez coutume de ne parler qu'à des culs » — le texte porte, maintenant : « Allez, Monsieur ; on voit bien que vous n'avez pas accoutumé de parler à des visages. » Mais c'est surtout la gaieté, jetée partout dans la pièce, qui estompe ce que pourraient avoir de choquant ou de pénible les manœuvres de Béline, les mensonges des jeunes gens, l'irrespect de Toinette, les prétentions des médecins. Suprême élégance, Molière, au moment même où il signe indirectement sa pièce en faisant allusion à sa propre « impiété » médicale (III, 3), nous indique qu'en aucun cas il ne laisse sa comédie devenir une pièce à thèses, puisque instantanément il s'accable (lui-même, car il jouait Argan) de quolibets : « C'est un bon impertinent que votre Molière... » Ainsi, tout, depuis de vulgaires affaires d'entrailles jusqu'à la grave pensée de la mort, est dit dans *Le Malade imaginaire,* mais décemment, c'est-à-dire, puisque nous sommes au théâtre, gaiement.

Il faudra enfin surprendre à l'œuvre, dans cette pièce, l'homme de théâtre que, même écrivain, demeure sans cesse Molière. Sombrant pourtant, en 1673, dans le souci et la maladie, le dramaturge organise son texte pour qu'en sourde de partout « cette douce illusion qui est tout le plaisir du théâtre » (La Bruyère) : fréquente mécanisation des répliques, cascades de *sketches,* quiproquos tendus à l'extrême (I, 5), quolibets (Toinette aux dépens d'Argan), méprises (Thomas Diafoirus prend sa fiancée pour sa belle-mère), effets violents de symétrie (Toinette déguisée en médecin défait exactement le diagnostic de M. Purgon, Cléante en maître du musique dédouble dans son « opéra » la situation qu'il vit), effets non moins brusques d'inversion (le malade devient le médecin), effets de *crescendo* (tout le *tempo* de l'acte III) — bref, tous ces procédés, René Bray l'a montré, sont le fait d'un auteur-acteur, pour qui le théâtre est avant tout mouvement et rythme. Et même, cette ultime pièce de Molière nous fait nous souvenir que le théâtre, sans doute dans son essence même, ne saurait exister sans, quelque part, un *masque* : Molière, qui avait naguère inventé le personnage de Mascarille, a multiplié dans *Le Malade imaginaire* les mascarades, et de toutes sortes : au propre, Cléante, puis Toinette se déguisent ; en un autre sens, médecins, pharmaciens, et même notaires ne sont ce qu'ils sont que par leur déguisement ; au moral, chacun ici joue son personnage, joue ou se joue sa comédie. Sous nos yeux, les masques tombent (Béline ainsi est confondue), ou, au contraire, se placent sur les visages. « Allez-vous-en vous mettre en habit décent », est-il dit à Argan (III, 14) et nous le voyons, *cum isto boneto venerabili et docto,* changer en effet d'identité, lors de la mascarade finale. Jamais peut-être Molière n'a-t-il créé pièce plus *théâtrale* que ce *Malade imaginaire* qui propose de soigner un malheureux qui joue au malade en l'obligeant à jouer au médecin ! Théâtre dans le théâtre, a-t-on dit de cette pièce, mais aussi théâtre sur le théâtre, puisque s'achevant par la conversion de tous au théâtre. « Nous y pouvons aussi prendre chacun un personnage, et nous donner ainsi la comédie les uns aux autres... » (III, 14). L'œuvre (et la vie) de Molière s'achève dans la griserie d'un jeu théâtral exceptionnellement pur.

Phrases clefs

ARGAN. ... un petit clystère insinuatif, préparatif et rémollient, pour amollir, humecter et rafraîchir les entrailles de Monsieur... (I, 1, l. 5-7).

Dès la première scène de sa pièce, Molière se révèle être un incomparable poète, jonglant avec les mots en toute fantaisie, et parant ainsi d'une sorte de grâce les innommables réalités que sont nos fonctions intestinales, nos maladies, notre mort.

TOINETTE. Votre fille doit épouser un mari pour elle, et, n'étant point malade, il n'est pas nécessaire de lui donner un médecin.

ARGAN. C'est pour moi que je lui donne ce médecin ; et une fille de bon naturel doit être ravie d'épouser ce qui est utile à la santé de son père (I, 5, l. 309-314).

TOINETTE. Il faut qu'il (Monsieur Purgon) ait tué bien des gens pour s'être fait si riche (I, 5).

TOINETTE. Il marche, dort, mange et boit tout comme les autres ; mais cela n'empêche pas qu'il ne soit fort malade (II, 2).

Toinette ne croit pas si bien dire : en effet, si, en un sens, Argan n'est point malade, puisque son corps paraît sain, dans un autre sens il est fort malade, d'une maladie qu'on ne sait où situer, maladie imaginaire qui est une maladie de l'imagination.

MONSIEUR DIAFOIRUS. Mais, sur toute chose, ce qui me plaît en lui, et en quoi il suit mon exemple, c'est qu'il s'attache aveuglément aux opinions de nos anciens, et que jamais il n'a voulu comprendre ni écouter les raisons et les expériences des prétendues découvertes de notre siècle... (II, 5).

Presque toutes les pièces de Molière sont bâties sur une intrigue qui établit un clivage entre les générations — d'un côté, la jeunesse, ses prétentions à l'amour, sa liberté et sa gaieté, de l'autre la vieillesse, sa sclérose, son obstination ridicule à braver la mode, sa laideur. Notre pièce ne fait pas exception à la règle, mais elle a l'originalité de mettre en scène un tout jeune homme, Thomas Diafoirus, obstinément décidé à demeurer du côté du passé, né vieux, si l'on peut dire. Il est très remarquable que la dernière œuvre de Molière se range aussi résolument du côté des valeurs que son théâtre a toujours associées à la jeunesse.

ARGAN. Monsieur, combien est-ce qu'il faut mettre de grains de sel dans un œuf?
MONSIEUR DIAFOIRUS. Six, huit, dix, par les nombres pairs... (II, 6).

ARGAN. Ah! il n'y a plus d'enfants (II, 8).

Mais, n'en déplaise à Argan, pourquoi faudrait-il qu'il y eût encore des enfants, dans un univers où l'Adulte par excellence, le Père, a démissionné de toutes ses responsabilités?

ARGAN. Vous ne croyez donc point à la médecine?
BÉRALDE. Non, mon frère, et je ne vois pas que pour son salut il soit nécessaire d'y croire (III, 3).

Toute l'admirable discussion de la scène 3 de l'acte III tourne autour de la question des fondements mêmes de la médecine. Selon Béralde, qui a lu comme Molière les *Essais* de Montaigne, et Pascal, et les sceptiques des xvie et xviie siècles, la médecine est pure créance — les malades croient qu'ils peuvent guérir, les médecins croient qu'ils peuvent les guérir, mais nul savoir ne fonde cette « erreur populaire ». Et pour cause : « la nature nous a mis au devant des yeux des voiles trop épais pour connaître quelque chose » aux « mystères » de notre être. Plus loin, Béralde a raison de faire valoir que Molière ne s'en prend point ici à tel ou tel médecin, ni aux médecins, mais à la médecine elle-même, pseudo-savoir tout pétri d'imagination, car issu d'elle et s'adressant à elle, et qui pour subsister a besoin, tout comme les religions telles que les définissaient les libertins, d'être reconnu non par la raison, mais par l'imagination. Les positions de Béralde sont si radicales qu'on en vient à se demander si le véritable sous-titre de la pièce n'eût pas dû être : *La Médecine imaginaire.*

BÉRALDE. [...] presque tous les hommes meurent de leurs remèdes, et non pas de leurs maladies (III, 3).

ARGAN. Il est aisé de parler contre la médecine quand on est en pleine santé (III, 4).

En effet. Mais c'est Argan qui profère cette belle vérité première. Notons que, par l'intermédiaire de Béralde, c'est un Molière très malade, et au bord de la mort, qui a osé parler contre la médecine. Ce qui n'est point si aisé.

MONSIEUR PURGON. Un crime de lèse-Faculté qui ne se peut assez punir.

Ce mot célèbre de M. Purgon (III, 5) couronne une œuvre où les pédants de toute sorte ont abondé ; Molière dit ici l'essentiel : un pédant, ce n'est pas seulement un importun, un bavard, un formaliste, un ridicule — c'est d'abord un fanatique.

ARGAN. Et, le soir, de petits pruneaux pour lâcher le ventre (III, 10).

« *Clysterium donare, postea seignare, ensuita purgare, reseignare, repurgare et reclysterisare* » (3ᵉ Intermède). Dans un cocasse latin de cuisine, tout un programme, et une virulente satire : toujours les mêmes traitements, quelle que soit la maladie (hydropisie, maigreur, tuberculose, asthme, fièvre, etc.) — s'obstiner dans le même traitement quand le malade décline — habiller de latin un diagnostic et une thérapeutique nuls — se contenter, en guise de soins, de vider le malade de ses excréments, de son sang, de son argent, de sa vie.

Biographie (1622-1673)

15 janvier 1622. — Baptême en l'église Saint-Eustache, à Paris, de Jean-Baptiste Poquelin, fils d'un tapissier qui vit dans le quartier des Halles.

1636-1640. — Études secondaires au collège de Clermont, chez les jésuites. Puis J.-B. Poquelin fait peut-être son droit.

30 juin 1643. — Constitution de la troupe de l'Illustre-Théâtre, avec, outre Poquelin, Madeleine Béjart et sa famille. Installation dans un jeu de paume, engagement de musiciens, et débuts devant le public le 1er janvier 1644. Cette année-là, Molière devient le pseudonyme officiel de J.-B. Poquelin. Malgré un répertoire à la mode, la troupe rencontre peu de succès, et les difficultés financières s'accumulent ; Molière est même emprisonné pour dettes et, dès l'automne 1645, la troupe s'est dispersée, piteusement.

1646-1658. — Molière et Madeleine Béjart jouent en province, non sans succès ; ils ont acquis la protection du prince de Conti, frère cadet de Condé, et Molière, devenu chef de troupe, crée ses propres pièces : *L'Étourdi* à Lyon, vers la fin de 1654, *Le Dépit amoureux* à Béziers en 1656.

Octobre 1658. — La troupe, qui a soigneusement préparé son retour à Paris, donne devant Louis XIV, au Louvre, des représentations qui enchantent le roi ; le roi installe Molière dans la salle du Petit-Bourbon, où il joue en alternance avec les Comédiens-Italiens.

18 novembre 1659. — Première à Paris des *Précieuses ridicules*, qui rend Molière célèbre auprès du grand public.

28 mai 1660. — *Sganarelle ou le Cocu imaginaire.*

Octobre 1660. — Molière doit quitter la salle du Petit-Bourbon pour le Palais-Royal, salle qu'il fait restaurer.

Février 1661. — Unique essai de Molière dans le genre de la tragi-comédie : *Dom Garcie de Navarre* ; c'est l'échec.

24 juin 1661. — Première de *L'École des maris.*

17 août 1661. — Première des *Fâcheux*, à Vaux-le-Vicomte, où Molière a été invité par Fouquet à contribuer aux fêtes qu'il offrait à Louis XIV.

20 février 1662. — Mariage de Molière, âgé de quarante ans, avec Armande Béjart, qui a vingt ans, et se trouve être la sœur, peut-être la fille, de Madeleine Béjart. Au mois de mai 1662, premier séjour de la troupe à la Cour.

26 décembre 1662. — Première de *L'École des femmes.* De mars à octobre, querelle de *L'École des fem-*

mes, avec, de la part de Molière, le 1er juin, *La Critique de l'École des femmes*, et, en octobre, *L'Impromptu de Versailles*.

28 février. — Baptême de Louis, fils premier-né de Molière, qui ne vivra que dix mois : le parrain n'est autre que Louis XIV, la marraine Madame, duchesse d'Orléans.

29 janvier 1664. — Création, au Louvre, du *Mariage forcé*.

Printemps 1664. — La troupe de Molière est à Versailles, où elle participe aux fêtes des *Plaisirs de l'Ile enchantée* ; le 8 mai, *La Princesse d'Élide*, le 12 mai, première représentation du *Tartuffe*. Aussitôt commence la contre-offensive du parti dévot, et le roi interdit les représentations de la pièce à Paris.

15 février 1665. — Première de *Dom Juan* à Paris. Quinze représentations seulement. Molière doit plier devant les dévots.

4 août 1665. — Baptême d'Esprit-Madeleine, fille de Molière. La troupe devient « troupe du Roi », et reçoit une pension.

14 septembre 1665. — Première à Versailles de *L'Amour médecin*.

4 juin 1666. — Première du *Misanthrope* au Palais-Royal.

6 août 1666. — Première du *Médecin malgré lui*.

Décembre 1666. — La troupe de Molière est à Saint-Germain, et offre au roi des divertissements, *Mélicerte*, pastorale inachevée, et *Le Sicilien ou l'Amour peintre*.

5 août 1667. — Molière tente de jouer à Paris son *Tartuffe* ; au terme d'une unique représentation, une interdiction nouvelle s'abat sur lui.

13 janvier 1668. — Première d'*Amphitryon*.

9 septembre 1668. — Création de *L'Avare*.

18 juillet 1668. — Première, à Versailles, de *George Dandin*.

5 février 1669. — *Le Tartuffe* peut enfin être librement joué. Immense succès. La pièce est imprimée en mars.

6 octobre 1669. — Première de *Monsieur de Pourceaugnac*, à Chambord, pour la Cour.

4 février 1670. — Première des *Amants magnifiques*, à Saint-Germain-en-Laye.

14 octobre 1670. — Première du *Bourgeois gentil-homme* à Chambord.

17 janvier 1671. — Première aux Tuileries de *Psyché*.

24 mai 1671. — *Les Fourberies de Scapin*.

2 décembre 1671. — Première de *La Comtesse d'Escarbagnas*, à Saint-Germain, pour la Cour.

17 décembre 1671. — Mort de Madeleine Béjart.

11 mars 1672. — Première des *Femmes savantes* au Palais-Royal. Molière déjà lutte contre les prétentions de Lulli à jouir du monopole des représentations en musique.

1er octobre 1672. — Naissance de Pierre, troisième enfant de Molière ; l'enfant ne vit que dix jours.

10 février 1673. — Première du *Malade imaginaire* au Palais-Royal ; c'est la trentième pièce que signe Molière.

17 février 1673. — Mort de Molière au terme de la quatrième représentation de sa pièce.

21 octobre 1680. — Constitution, par fusion de ce qui subsistait de la troupe de Molière et de la troupe de l'Hôtel de Bourgogne, de la Comédie-Française.

Juillet 1682. — Parution des *Œuvres complètes* de Molière, édition préparée par La Grange.

30 novembre 1700. — Mort d'Armande Béjart.

1723. — Mort de l'unique enfant survivant de Molière, sa fille Esprit-Madeleine.

Bibliographie

Éditions

Œuvres de Molière, Eugène Despois et Paul Mesnard, Hachette, collection « Les Grands Écrivains de la France », 1873-1900, 13 vol. Notre pièce se trouve au tome IX.

MOLIÈRE, *Œuvres complètes*, Georges Gouton, Gallimard, Bibliothèque de la Pléiade, 2 vol., 1971, éd. revue en 1976.

Le Malade imaginaire de Molière, édition de J. Arnavon, Plon, 1938.

Le Malade imaginaire, édition de Pierre Valde, Le Seuil, collection « Mises en scène », 1946.

Le Malade imaginaire, édition de Peter H. Nurse, Oxford University Press, 1965.

Ouvrages généraux sur Molière

ADAM, Antoine, *Histoire de la littérature française du XVIIᵉ siècle*, Domat, 1952, tome III.

BRAY, René, *Molière, homme de théâtre*, Mercure de France, 1954.

BRISSON, Pierre, *Molière, sa vie dans ses œuvres*, Gallimard, 1942.

CAIRNCROSS, John, *Molière bourgeois et libertin*, Nizet, 1963.

CALVET, Jean, *Essai sur la séparation de la religion et de la vie I. Molière dans le drame spirituel de son temps. II. La Princesse de Clèves*, Nizet, 1980 (1ʳᵉ éd. en 1950, sous le titre : *Molière est-il chrétien ?*).

GRIMM, Jürgen, *Molière*, Stuttgart, 1984.

GUICHARNAUD, Jacques, *Molière, une aventure théâtrale*, Gallimard, 1963.

GUTWIRTH, Marcel, *Molière ou l'invention comique*, Minard, 1966.

HUBERT, Judd D., *Molière and the Comedy of Intellect*, Berkeley et Los Angeles, University of California Press, 1962.

JASINSKI, René, *Molière*, Hatier, 1969.

SIMON, Alfred, *Molière par lui-même*, Le Seuil, collection « Écrivains de toujours », 1957.

Documents et instruments de recherche

CHEVALLEY, Sylvie, *Molière en son temps*, Genève, Minkoff, 1973.

MONGRÉDIEN, Georges, *Recueil des textes et des documents du XVIIᵉ siècle relatifs à Molière*, C.N.R.S., 1965, 2 vol. *Supplément* dans *XVIIᵉ siècle*, nº 98-99, 1973, pp. 123-142.

TRUCHET, Jacques, et autres, *Thématique de Molière, six études suivies d'un inventaire des thèmes de son théâtre*, S.E.D.E.S., 1985.

Histoire du théâtre

ATTINGER, Gustave, *L'Esprit de la Commedia dell'arte dans le théâtre français*, Librairie théâtrale, 1950.

CHRISTOUT, Marie-Françoise, *Le Ballet de Cour de Louis XIV, 1643-1672*, Picard, 1967.

DEIERKAUF-HOSBOER, S. Wilma, *L'Histoire de la mise en scène dans le théâtre français à Paris de 1600 à 1673*, Nizet, 1960.

GUICHEMERRE, Roger, *La Comédie avant Molière*, Armand Colin, 1972.

PELLISSON, Maurice, *Les Comédies-ballets de Molière*, Hachette, 1914.

SCHERER, Jacques, *La Dramaturgie classique*, Nizet, 1950.

Molière au-delà du XVIIe siècle

COLLINET, Jean-Pierre, *Lectures de Molière*, Armand Colin, 1974.

DESCOTES, Maurice, *Les Grands Rôles du théâtre de Molière*, P.U.F., 1960.

DESCOTES, Maurice, *Molière et sa fortune littéraire*, Bordeaux, Ducros, 1970.

Œuvres et critiques, VI-1, Été 1981, numéro spécial « Visages de Molière ».

JACKSON (Miss), *Molière and the Commonwealth of Letters. Patrimony and Posterity*, University Press of Mississippi, 1975.

Molière écrivain et dramaturge

CONÉSA, Gabriel, *Le Dialogue moliéresque*, P.U.F., 1983.

FORESTIER, Georges, *Le Théâtre dans le théâtre sur la scène française du XVIIᵉ siècle*, Genève, Droz, 1981.

GARAPON, Robert, *La Fantaisie verbale et le Comique dans le théâtre français du Moyen Age à la fin du XVIIᵉ siècle*, Armand Colin, 1957.

LEBÈGUE, Raymond, *Molière et la Farce*, dans *Cahiers de l'Association internationale des Études françaises*, nº 16, mars 1964, repris dans *Études sur le théâtre français*, II, 50-68, Nizet, 1978.

Molière et la médecine

RAYNAUD, Maurice, *Les Médecins au temps de Molière*, Didier, 1862.

MILLESPIERRES, François, *La Vie quotidienne des médecins au temps de Molière*, Hachette, 1964.

Le n° 95, 4ᵉ trimestre 1973, de la revue *Marseille* est, pour partie, consacré à *Molière et la médecine de son temps*.

Sur *Le Malade imaginaire*

BARNWELL, H.T., *Molière's « Le Malade imaginaire »*, London, Grant & Cutler, 1982, Coll. Critical Guides to French Texts.

BERK, Philip R., *The Therapy of art in « Le Malade imaginaire »*, *French Review*, XLV, Spring 1972, pp. 39-48.

CAIRNCROSS, John, *Impie en médecine. Cahiers de l'Association internationale des Études françaises*, n° 16, mars 1964, pp. 269-284.

CALDICOTT, C.E.J., *L'Inspiration italienne ou la permanence du jeu dans* Le Malade imaginaire. Dans : *Mélanges à la mémoire de Franco Simone*, tome II, Genève, Slatkine, 1981, pp. 271-278.

DOCK, Stephen Varick, *La Reconstitution du costume porté par Molière dans* Le Malade imaginaire. Dans *Revue d'Histoire du Théâtre*, XXX, 1978, pp. 127-131.

FICHET-MAGNAN, Elisabeth, *Argan et Louison : Molière, l'enfant et la mort. Romanistische Zeitschrift für Literaturgeschichte*, VI, 1982, pp. 306-321.

FUMAROLI, Marc, *Aveuglement et désabusement dans* Le Malade imaginaire. Dans *Vérité et Illusion dans le théâtre du temps de la Renaissance*, Université de Paris-Sorbonne, Paris, Jean-Touzot, 1983, pp. 105-114.

GARAPON, Robert, *Le Dernier Molière*, S.E.D.E.S., 1977.

JASINSKI, René, *Sur Molière et la médecine*. Dans : *Mélanges offerts à J. Vianey*, Les Presses Françaises, 1934, pp. 249-254.

MALACHY, Thérèse, *La mort en sursis dans* Le Malade imaginaire. Dans *Revue d'histoire du théâtre*, XXXV, 1983, pp. 287-292.

McAULEY, Gay, *Language and theater in « Le Malade*

imaginaire ». *Australian Journal of French Studies,* XI, 1974, pp. 4-18.

McBRIDE, Robert, *The sceptical view of Medecine and the comic vision in Molière. Studi Francesi,* gennaio-aprile 1979, pp. 27-42.

PELOUS, Jean-Michel, *Argan et sa maladie imaginaire.* Dans *Marseille*, n° 95, 1973, pp. 179-187.

PINEAU, Jacques, *La Constellation des personnages dans* Le Malade imaginaire *(Propos méthodologiques).* Dans *La Licorne*, n° 2, 1978, pp. 135-154.

THIERRY, Edouard, *Archives de la Comédie-Française, documents sur* Le Malade imaginaire, Paris, Berger-Levrault, 1880.

Sur la musique du *Malade imaginaire*

HITCHCOCK, H. Wiley, *Problèmes d'édition de la musique de Marc-Antoine Charpentier pour* Le Malade imaginaire. Dans *Revue de musicologie*, 1972, pp. 3-15.

CHARPENTIER, Marc-Antoine, *Prologues et intermèdes du* Malade imaginaire *de Molière*, transcrits et réalisés par H. Wiley Hitchcock, Genève, Minkoff, 1973.

MONGRÉDIEN, Georges, *Molière et Lulli.* Dans *XVIIe siècle*, n° 98-99, 1973, pp. 3-15.

La bibliographie moliéresque est immense. En 1973, année du tricentenaire de la mort de Molière, parurent 184 ouvrages et articles ; depuis, chaque année apporte en moyenne 90 titres nouveaux.

Lexique

Être aheurté à : s'attacher opiniâtrement à (I, 5).

Anodine : qui calme les douleurs (I, 1, une potion anodine).

Apepsie : impossibilité de faire sa digestion. Médic. (III, 5).

Apothicaire : pharmacien. Proverbialement, *des parties d'apothicaires :* des factures démesurément gonflées (I, 1).

Appendre : suspendre (II, 5).

Astringent : qui provoque une crispation des tissus. Médic. (I, 1).

Avis au lecteur : au figuré, un avis dont il faut profiter (III, 12).

Balancer : considérer à loisir (III, 3).

Batterie : moyen qu'on invente pour aboutir à quelque chose (I, 8).

Bec jaune : erreur (III, 11).

Bézoard : calculs qui se forment dans l'estomac, les intestins ou la vessie de certains quadrupèdes et qui, pilés, passaient pour être des contre-poisons. Médic. (I, 1).

Boucher : empêcher (I, 4).

Bradypepsie : lenteur pénible de la digestion. Médic. (III, 5).

Çamon : excl. Oui vraiment ! (I, 2).

Caprisant, ou **capricant** : capricieux. Médic. (II, 6).

Carminatif : qui est bon contre les gaz intestinaux. Médic. (I, 1).

Carne : angle saillant, coin (I, 2).

Carogne : charogne, terme d'insulte (I, 2).

Casse : pulpe des fruits du canéficier, qu'on importait des Antilles, et qui entrait dans la composition des purgatifs. Médic. (I, 1 ; III, 3).

Catholicon : purgatif composé de casse, de séné, de rhubarbe et d'autres substances, et que la médecine du XVIIe siècle employait contre toutes sortes de maladies. Médic. (I, 1).

Clystère : lavement. Médic.

Composé : constitué. Vous avez un corps bien composé (III, 3).

Conglutiner : rendre visqueux. Médic. (III, 10).

Cordial : qui réconforte. Médic. (I, 1).

Corroboratif : qui donne de la force. Médic. (I, 1).

Crever : mourir. Le mot n'est pas trivial, seulement familier au XVIIe siècle (III, 3).

Croquignole : chiquenaude donnée sur le visage (1er Intermède).

Dent : *avoir une dent de lait contre quelqu'un,* avoir pour lui une vieille inimitié (III, 3).

Détersif : propre à nettoyer. Médic. (I, 1).

Diable : *par la mort non de diable* (III, 3), juron qui permet d'éviter le blasphème qu'eût été : par la mort de Dieu.

Donner au travers : se jeter dans (III, 3).

Dores-en-avant : forme archaïque de *dorénavant* (II, 5).

Douaire : portion de biens qu'un mari prévoit de léguer à sa femme s'il meurt le premier. Jurid. (II, 6).

Dragonne : féminin plaisamment inventé à partir de l'expression proverbiale « un dragon de vertu » (1er Intermède).

Duriuscule : français calqué sur le diminutif latin de *durus*, dur. Médic. (II, 6).

Dysenterie : « flux de ventre sanguinolent » (Furetière). Médic. (III, 5).

Dyspepsie : mauvaise digestion. Médic. (III, 5).

Ébaubi : abasourdi. Familier (I, 5).

Embéguiné : entêté de quelque chose ou de quelqu'un (III, 3).

Être que de : *si j'étais que de vous,* si j'étais à votre place (II, 6).

Expédier : faire vite mourir (III, 3).

Faute : *s'il vient faute de vous,* s'il arrive que vous me manquiez (I, 7).

Féculence : état des humeurs troublées comme le vin par une lie. Médic. (III, 5).

Fièvre pourprée ou **purpurée :** fièvre s'accompagnant d'affections cutanées (variole, rougeole, scarlatine, etc.). Médic. (III, 10).

Fiévrote : légère fièvre (III, 10).

Grain : la plus petite unité de poids que pratiquaient les pharmaciens dans leurs dosages (I, 1).

Humanités : les belles-lettres (III, 3).

Humeurs : l'ancienne médecine désignait ainsi les quatre fluides fondamentaux de l'organisme, à savoir le sang, le phlegme, la bile et la bile noire (ou atrabile).

Hydropisie : accumulation d'eau dans une partie du corps. Médic. (III, 5 ; III, 10).

Intempérie : déséquilibre maladif du tempérament qui est censé régner entre les quatre humeurs. Médic. (II, 6 ; III, 5).

Judiciaire : forme abrégée de « faculté judiciaire », c'est-à-dire : jugement (II, 5).

Julep : potion composée de miel et de fruits. Médic. (I, 1).

Lienterie : trop hâtive défécation d'aliments non encore digérés. Médic. (III, 5).

Mander : envoyer dire (II, 4).

Masque : substantif féminin, « terme injurieux qu'on dit aux femmes du commun peuple pour leur reprocher leur laideur » (Furetière) et leur malice (II, 8).

Méats cholidoques : conduits qui charrient la bile au duodénum. Médic. (II, 6).

Médecine : médicament (I, 1 ; III, 4).

Même : *être à même de...,* avoir à sa disposition (I, 5).

Meuble inutile : expression proverbiale signifiant : objet de nul usage (II, 5).

Mièvre : « Terme populaire qui se dit des enfants éveillés ou emportés qui font toujours quelque niche ou quelque malice aux autres » (Furetière) (II, 5).

Mômerie : « troupe de personnes masquées qui vont danser et se divertir » (Furetière). Figuré : farce, hypocrisie (III, 3).

Parenchyme splénique : les tissus de la rate. Médic. (II, 6).

Parties : « un mémoire de plusieurs fournitures faites par des marchands » (Furetière) (I, 1).

Passer : trépasser (III, 12).

Petit-lait dulcoré : liquide qui se sépare du lait et qu'on fait cailler, en l'adoucissant avec du sucre. Médic. (I, 1).

Porter : supporter (III, 3).

Poste : *un médecin à notre poste* (III, 2), à notre convenance.

Préservatif : préventif (I, 1).

Prétendu : *un gendre, un mari prétendu,* un futur gendre, un futur mari (I, 5 ; II, 4).

Prévenir : devancer (I, 4).

Propagation : procréation d'enfants (II, 5).

Protestations : promesses (I, 4).

Ranger : obliger à obéir (II, 6).

Rémollient : propre à ramollir les parties enflammées. Médic. (I, 1).

Repoussant : néologisme. Le pouls d'Argan bat si fort qu'il *repousse* le doigt du médecin (II, 6).

Ressentiment : vif sentiment (III, 14).

Rosat : où l'on a fait infuser des roses (I, 1).

Séné : gousse et feuille d'une sorte de casse, arbuste du Moyen-Orient, dont on extrayait un purgatif. Médic. (I, 1).

Serein : humidité qui suit le coucher du soleil, et qui passait pour « engendrer les rhumes et les catarrhes » (Furetière) (I, 6).

Simple homme : homme qui se laisse aisément duper (III, 6).

Serviteur : *je suis votre serviteur,* je ne suis pas d'accord (I, 1).

Souffrir : supporter.

Spécieux : qui a une belle apparence (III, 3).

Subtil : dilué (III, 10).

Sympathie : rapport unissant deux ou plusieurs organes. Médic. (II, 6).

Tout à l'heure : tout de suite (III, 11).

Trempé : *vin trempé :* coupé d'eau (III, 10).

Vapeurs : étourdissements qu'on croyait causés par l'afflux de vapeurs dans le cerveau. Médic. (III, 10).

Vas breve : latin médical ; le court vaisseau qui apporte la bile au pylore, orifice où l'estomac communique avec le duodénum (II, 6).

Page 67.

1. Cette scène dérive d'une comédie italienne de Giordano
Bruno Nolano (1582), *Il Candelaio*, adaptée en français dès
1633 *(Boniface et le Pédant)*. La Fontaine avait narré une histoire semblable dans l'un de ses premiers *Contes* (1655), « Un
paysan qui avait offensé son seigneur ».

ACTE II

Page 70.

1. Mme de Sévigné goûtait fort ce passage. Voir sa lettre du
16 septembre 1676, *Correspondance*, éd. par R. Duchêne, Gallimard, II, p. 400 (Bibliothèque de la Pléiade).

Page 73.

1. *Engendré :* vous aurez un gendre comme il vous faut. La
plaisanterie se trouvait déjà dans *L'Étourdi*, dès 1654
(vers 656).

Page 75.

1. *Compliment :* « Petite harangue qu'on fait à des personnes
de marque » (Furetière). Thomas s'est préparé à cette visite
comme à un examen ; il récite un discours, d'une rhétorique
pesante, inspirée par le cicéronianisme le plus traditionnel. Son
père ne peut qu'acquiescer par un béat *Optime* (« très bien »,
en latin).

2. Thomas demande (mais à son père, non à Angélique) s'il
peut donner à sa fiancée un baiser sur la joue ou sur les lèvres
— baiser qui était d'usage au XVIe siècle, mais passé de mode
en 1673, et surtout dans la bonne société.

Page 76.

1. Thomas s'est fourni de lieux communs dans les manuels
de rhétorique. Le colosse de Memnon, à Thèbes en Égypte,
passait pour émettre une musique sitôt que le soleil levant le
frappait. Dans ce discours, *ne plus ne moins, dores-en-avant* et
appendre sont autant d'archaïsmes, propres à nous prouver que
Thomas, malgré son jeune âge, est aussi rétrograde que
Mme Pernelle *(Le Tartuffe)* ou Arnolphe *(L'École des femmes)*.

Page 77.

1. Bachelier depuis deux ans, Thomas a obtenu ses licences
en médecine, et il sera reçu médecin dans trois jours *(cf.* I, 5),
c'est-à-dire qu'il est sur le point de soutenir son doctorat.

Page 78.

1. L'Anglais Harvey avait découvert la circulation du sang, et publié en 1628 les résultats de ses travaux. Mais, cinquante ans plus tard, la faculté de médecine de Paris, dernier bastion en Europe de la vieille médecine galiénique, s'opposait toujours à cette doctrine. En 1671, Boileau avait ridiculisé dans un *Arrêt burlesque* les anticirculationnistes. En 1673, le roi contourne l'opposition de la faculté de médecine en créant, mais au Jardin des plantes, une chaire d'anatomie où la doctrine de Harvey pourra enfin être enseignée.

2. Cette *thèse* n'est pas un livre, mais une simple affiche, illustrée et contenant le sommaire des questions dont les étudiants devaient débattre lors de séances publiques.

3. Au XVIIᵉ siècle, on ne disséquait que les cadavres des criminels. Molière a ici imité un trait des *Plaideurs* de Racine (1668) ; le juge Dandin invite Isabelle à se distraire en sa compagnie en allant voir donner la question :

ISABELLE. Hé ! Monsieur, peut-on voir souffrir des malheureux ?

DANDIN. Bon ! Cela fait toujours passer une heure ou deux !

Page 80.

1. Les chants de Cléante et d'Angélique sont en effet en *vers libres*, tout comme le Prologue et, en bonne partie, les trois Intermèdes. Molière a voulu qu'un de ses personnages donnât la définition d'un art où il excellait ; il semble même que La Fontaine ait trouvé dans l'éblouissante versification d'*Amphitryon* (1668) un modèle pour ses propres *Fables*.

Page 86.

1. Latin scolastique, dont on usait dans les *disputationes* ou joutes oratoires entre étudiants. *Nego consequentiam* : je nie que la conséquence soit logiquement admissible. *Distinguo* : j'établis une distinction logique. *Concedo* : je veux bien accorder. *Nego* : j'affirme que non. *Dico* : j'affirme. *Bene* : bien. *Optime* : très bien.

Page 91.

1. Charles Perrault n'avait pas encore donné dignité littéraire à l'histoire de Peau d'Ane (qu'il ne versifiera qu'en 1694) ; mais le conte était connu ; et l'on voit que, dès 1673, le premier recueil des *Fables* (1668) avait acquis un statut scolaire.

Page 95.

1. *Égyptiens :* c'est ainsi qu'on nommait les bohémiens. Comprenons qu'il s'agit de bohémiens travestis en Mores, c'est-à-dire en Arabes, que Béralde a rencontrés dans la rue, où le carnaval de février 1673 autorisait leur présence (*cf.* l'allusion en ce sens à la fin de III, 14).

ACTE III

Page 105.

1. Rappelons que c'était Molière qui tenait le rôle d'Argan ;
déjà, dans *L'Impromptu de Versailles* (1663), Molière jouait à
partir de la scène 3 le rôle piquant d'un « marquis ridicule »
qui, à ce titre, s'attaquait à... Molière.

Page 111.

1. Béralde compare ici M. Purgon à la Parque mythologique
qui tient le fil ténu (le *filet*) de l'existence d'Argan et qui
menace de le couper.

Page 115.

1. Médecin ambulant. Scarron, dans son *Roman comique*
(1651 et 1657) avait fixé les traits comiques de ce personnage,
qu'il nomme Ferdinando Ferdinandi. *Cf.* La Bruyère, *Caractères*, « De quelques usages », § 68, 1694.

Page 117.

1. Formes masculine, féminine et neutre de l'adjectif latin
signifiant : *ignorant*.

2. *Oublies :* petites pâtisseries rondes.

Page 118.

1. Plaisanterie qui, auprès des dévots, pouvait passer pour
assez déplacée. Toinette en effet se souvient des mots du Christ
dans l'Évangile (Marc, IX, 43-47 ou Matthieu, XVIII, 8-9) :
« Si ta main est pour toi un sujet de scandale, coupe-la (...) Et si
ton œil est pour toi un sujet de scandale, arrache-le ; car il vaut
mieux que tu entres avec un seul œil dans le Royaume de Dieu
que d'être jeté ayant les deux yeux dans la Géhenne... ».

Page 119.

1. Toinette se plaint d'avoir subi, en coulisse, les assauts
galants du médecin. *Le Médecin malgré lui* nous montrait
(acte II, scènes 1-3 et acte III, scène 3) Sganarelle lutinant
ainsi la nourrice Jacqueline.

Page 126.

1. Molière portait, dans ses rôles comiques, des moustaches
épaisses et tombantes, dont il avait trouvé l'idée chez Scara-
mouche, le chef de la troupe des Italiens. Pour les rôles de
Sganarelle, il ajoutait une barbe noire. Est-ce ainsi qu'il jouait
Argan ?

TROISIÈME INTERMÈDE

Page 128.

1. Ce troisième et dernier Intermède est écrit en latin maca-
ronique, c'est-à-dire dans un latin facétieux où l'on se contente

soit de latiniser la terminaison d'un mot français, soit de franciser abusivement des mots latins, soit de mêler follement latin et français. Molière a ici combiné tous ces procédés, non sans créer quelques savoureux monstres linguistiques, comme les doubles imparfaits *j'alloibam* et *entreprenoibam* (Argan ajoute la désinence latine d'imparfait *bam* à des verbes français déjà à l'imparfait). On notera que le français apparaît davantage chez Argan, évidemment moins expert que les autres personnages à manier le latin.

Voici la traduction de cet intermède.

LE PRÉSIDENT. - Très savants docteurs, professeurs de médecine, qui êtes ici assemblés, et vous, autres messieurs, exécuteurs fidèles des décisions de la Faculté, chirurgiens et apothicaires, et toute la compagnie aussi, salut, honneur et argent, et bon appétit !

Je ne puis... s confrères, en moi-même assez admirer quelle bonne ... tion est la profession de médecin, quelle belle chose ... bien trouvée, cette médecine bénie qui, par son nom se ... acle surprenant, depuis un temps si long, fait vivre à g... t de gens de tout genre.

Par to... erre nous voyons la grande vogue où nous nous trouvon... que grands et petits sont infatués de nous : le monde ... courant à nos remèdes, nous regarde comme des dieux ... s voyez les princes et les rois soumis à nos ordonnan...

D... est de notre sagesse, de notre bon sens et de notre pr... de fortement travailler à nous bien conserver en p... édit, vogue, et honneur, et de prendre garde à ne rece... ns notre docte corps que des personnes capables et tou... nes de remplir ces places honorables.

... est pour cela que maintenant vous êtes convoqués, et je ... s que vous trouverez la digne matière d'un médecin dans le ... ant homme que voici, lequel en toutes choses je donne à ... terroger et à examiner à fond à vos capacités.

LE PREMIER DOCTEUR. - Si Monsieur le Président m'en donne ... icence, et tant de doctes docteurs et d'assistants illustres, au très savant bachelier que j'estime et honore, je demanderai la cause et la raison pour laquelle l'opium fait dormir.

LE BACHELIER. - Par le docte docteur il m'est demandé la cause et la raison pour laquelle l'opium fait dormir ? A quoi je réponds que c'est parce qu'il a en lui une vertu dormitive dont la nature est d'assoupir les sens.

LE CHŒUR. - C'est bien, bien, bien répondre : il est digne, digne d'entrer dans notre docte corps.

LE SECOND DOCTEUR. - Avec la permission de Monsieur le Président, de la doctissime Faculté, et de toute la compagnie qui assiste à nos actes, je te demanderai, docte bachelier, quels sont les remèdes que dans la maladie dite hydropisie il convient d'administrer.

LE Bachelier. - Donner un clystère. Puis saigner. Ensuite purger.

LE Chœur. - C'est bien, bien, bien, bien répondre. Il est digne, digne d'entrer dans notre docte corps.

LE Troisième Docteur. - S'il semble bon à Monsieur le Président, à la doctissime Faculté et à la compagnie présente, je te demanderai, docte bachelier, quels remèdes aux étiques, aux pulmoniques et aux asthmatiques tu trouves à propos d'administrer.

LE Bachelier. - Donner un clystère. Puis saigner. Ensuite purger.

LE Chœur. - C'est bien, bien, bien, bien répondre. Il est digne, digne d'entrer dans notre docte corps.

LE Quatrième Docteur. - Sur ces maladies, le docte bachelier a dit des merveilles, mais, si je n'ennuie pas Monsieur le Président, la doctissime Faculté et toute l'honorable compagnie qui m'écoute, je lui ferai une question : dès hier un malade m'est tombé entre les mains ; il a une grande fièvre avec redoublements, une grande douleur de tête et un grand mal au côté, avec une grande difficulté et peine à respirer. Veuille me dire, docte bachelier, que lui faire ?

LE Bachelier. - Donner un clystère. Puis saigner. Ensuite purger.

LE Cinquième Docteur. - Mais si la maladie, opiniâtre, ne veut se guérir, que lui faire ?

LE Bachelier. - Donner un clystère. Puis saigner. Ensuite purger. Resaigner. Repurger. Reclystériser.

LE Chœur. - C'est bien, bien, bien, bien répondre. Il est digne, digne d'entrer dans notre docte corps.

LE Président. - Jures-tu de garder les statuts prescrits par la Faculté avec sens et jugement ?

LE Bachelier. - Je le jure.

LE Président. - Jures-tu d'être, dans toutes les consultations, de l'avis d'un Ancien, qu'il soit bon ou mauvais ?

LE Bachelier. - Je le jure.

LE Président. - Jures-tu de ne jamais te servir d'aucuns remèdes autres que ceux seulement de la docte Faculté, le malade dût-il en crever et mourir de son mal ?

LE Bachelier. - Je le jure.

LE Président. - Moi, avec ce bonnet vénérable et docte, je te donne et concède la vertu et la puissance de soigner, de purger, de saigner, de percer, de tailler, de couper, et d'occire impunément par toute la terre.

LE Bachelier. - Grands docteurs de la doctrine, de la rhubarbe et du séné, ce serait sans doute à moi chose folle, inepte et ridicule, si j'allais m'engager à vous donner des louanges et si j'entreprenais d'ajouter des lumières au soleil et des étoiles au ciel, des ondes à l'Océan et des roses au printemps. Agréez qu'avec un mot, pour tout remerciement, je rende grâces à ce corps si docte. A vous, à vous je dois bien plus qu'à la nature et à mon père : la nature et mon père m'ont fait homme ; mais vous, ce qui est bien plus, vous m'avez fait médecin. Honneur, faveur et grâce qui, dans ce cœur que voilà, impriment des sentiments qui dureront pour des siècles.

Le Chœur. - Que vive, vive, vive, vive, cent fois vive le nouveau docteur, qui parle si bien ! Que pour mille, pour mille ans, il mange et boive, et saigne et tue !

Le Chirurgien. - Puisse-t-il voir ses doctes ordonnances remplir les boutiques de tous les chirurgiens et apothicaires.

Le Chœur. - Que vive, vive, vive, vive, cent fois vive le nouveau docteur, qui parle si bien ! Que pour mille, pour mille ans, il mange et boive, et saigne et tue !

Le Chirurgien. - Puissent toutes ces années lui être bonnes et favorables, et puisse-t-il n'avoir jamais que des pestes, des véroles, des fièvres, des pleurésies, des flux de sang et des dysenteries.

Le Chœur. - Que vive, vive, vive, vive, cent fois vive le nouveau docteur, qui parle si bien. Que pour mille, pour mille ans, il mange et boive, et saigne et tue !

Table

Crédit photos

Photo Viollet-Lipnitzki p. 19, 41, 57.
Philippe Coqueux, p. 85, 125.

Composition réalisée par C.M.L., Montrouge

IMPRIMÉ EN FRANCE PAR BRODARD ET TAUPIN
Usine de La Flèche (Sarthe).
LIBRAIRIE GÉNÉRALE FRANÇAISE - 6, rue Pierre-Sarrazin - 75006 Paris.

ISBN : 2 - 253 - 03794 - X   ✦ 30/6135/5

Notes

LE PROLOGUE

Page 27.

1. Louis XIV, qui avait trente-quatre ans lors de la première du *Malade imaginaire*, se trouvait engagé depuis le printemps 1672 dans la guerre de Hollande ; Molière avait conçu sa pièce pour qu'elle pût divertir la Cour après le retour du roi à Paris (août 1672) et servir durant le carnaval 1673. Lors de la création du *Malade imaginaire*, en février 1673, les exploits de Turenne sur le Rhin contre les Impériaux autorisaient largement Molière à maintenir ces allusions triomphalistes. La guerre, pourtant, durera jusqu'en 1678 (Paix de Nimègue).

2. Une églogue sert à Molière de prologue ; pièce de poésie champêtre où dialoguent des bergers, l'un et l'autre épris de bergères, cette églogue diffère de ses modèles virgiliens dans la mesure où elle introduit des divinités rustiques, Flore puis Pan ; Virgile néanmoins (*Bucoliques* I et V) autorisait par son exemple le glissement du lyrisme amoureux au grand lyrisme officiel.

ACTE I

Page 35.

1. Tel un comptable professionnel, Argan fait ses comptes avec des jetons, tous identiques, qu'il place sur une planchette installée devant lui ; cette planchette offre trois rainures superposées : en bas, on compte les pièces de six deniers, au milieu les pièces d'un, cinq et dix sous, en haut les pièces d'un, cinq, dix et vingt livres. Une livre contient vingt sous, et un sou (un sol) contient douze deniers.

2. Argan, lorsque la pièce commence, est en train de terminer l'examen de la facture que son apothicaire lui a dressée pour le mois écoulé ; il en arrive au *vingt-quatrième* jour (de janvier 1673 par conséquent). Le *Dictionnaire* de Furetière (1690) précise, au mot *apothicaire* : « Proverbialement, des parties d'apothicaire sont des mémoires de frais ou de fournitures dont il faut retrancher la moitié pour les payer raisonnablement. » Argan ne fait pas mentir le proverbe.

Page 39.

1. Furetière : « On dit aller à ses affaires, faire ses affaires, pour aller à la garde-robe », c'est-à-dire sur la chaise percée ou

au bassin. Toinette fait ici un jeu de mots, sa formule signifiant aussi que M. Fleurant leur donne bien du souci.

Page 43.

1. Comprendre : « la décision qu'il a prise, et dont il vous a informée hier dans une lettre, de... ». Angélique ne sait pas que Cléante a chargé Béralde de transmettre à Argan sa demande (II, 9) ; ainsi est possible le joli quiproquo de la scène 5.

Page 46.

1. J'en ai affaire : j'en ai besoin. Argan répond ainsi au « elle n'a que faire de monsieur Diafoirus » de Toinette.

Page 47.

1. Tout ce qui suit, jusqu'à l'allusion que Toinette fait à la maladie d'Argan, se trouve déjà, à quelques menues variantes près, dans *Les Fourberies de Scapin*, I, 4 (1671).

Page 53.

1. Le notaire fait ici état du droit, dit coutumier, qui prévaut dans le nord de la France, par opposition aux pays du sud que régit le droit romain. Les observations que Molière lui a prêtées sont exactement conformes à la coutume de Paris. Mais ce notaire se nomme M. de Bonnefoi, tout comme l'huissier du *Tartuffe* s'appelait M. Loyal : les « détours de conscience » auxquels il songe, et qui permettent de tourner adroitement la loi, évoquent les accommodements que la casuistique relâchée autorisait, et, plus généralement, ces secrets de la cabale dévote que Molière avait flétris. Ici, la fraude envisagée consiste à transférer à Béline, grâce à divers prête-noms, la fortune d'Argan, discrètement convertie en legs de complaisance, en pseudo-prêts et en billets au porteur ; l'argent liquide, caché dans les boiseries de l'alcôve, passera, lui, de la main à la main.

Page 56.

1. Personnage très célèbre de la *Commedia dell'arte*, Polichinelle, amant ridicule de Toinette, est rabroué par « une vieille », peut-être la vieille tante évoquée au début de l'acte II. La présence d'un tel personnage est justifiée avec désinvolture par Molière : il nous est dit en effet qu'il est *usurier* — il a donc sa place dans l'univers bourgeois du *Malade imaginaire* !

PREMIER INTERMÈDE

Page 64.

1. L'usage était de nommer ses laquais du nom de la province dont ils étaient issus. Polichinelle, évidemment, est dépourvu de toute domesticité.